A MONTANHA CONQUISTADA

No pico (da esquerda para direita). Atrás: Hans Von Stiegel, Herta Von Stiegel, Kyle Portbury, Chris Parsons, Alexander Adams, Elloy (o guia), John Hauf. Na frente: Bryan Magee, Susie Snudden, Luke Purse. (*Fotografia por cortesia de Susie Snudden*)

A MONTANHA CONQUISTADA

LIÇÕES DE LIDERANÇA E INSPIRAÇÃO

COMO LIDERAR, ENVOLVER E COMPROMETER PESSOAS PARA ATINGIR ALTOS OBJETIVOS

HERTA VON STIEGEL
COM GINA SMITH

M.Books do Brasil Editora Ltda.

Rua Jorge Americano, 61 - Alto da Lapa
05083-130 - São Paulo - SP - Telefones: (11) 3645-0409/(11) 3645-0410
Fax: (11) 3832-0335 - e-mail: vendas@mbooks.com.br
www.mbooks.com.br

Dados de Catalogação na Publicação

Stiegel, Herta von
A Montanha Conquistada – Lições de Liderança e Inspiração/ Herta von Stiegel e Gina Smith.
2014 – São Paulo – M.Books do Brasil Editora Ltda.
1. Liderança   2. Recursos Humanos   3. Administração

ISBN 978-85-7680-223-5

Do original: The Mountain Within: Leadership Lessons and Inspiration for your Climb to the Top
Publicado em inglês pela McGraw-Hill
©2011 Herta von Stiegel
©2014 M.Books do Brasil Editora Ltda.

EDITOR
Milton Mira de Assumpção Filho

Tradução
Monica Rosemberg

Produção Editorial
Lucimara Leal

Coordenação Gráfica
Silas Camargo

Editoração e Capa
Crontec

Imagens
Hans von Stiegel

2014
Proibida a reprodução total ou parcial.
Os infratores serão punidos na forma da lei.
Direitos exclusivos cedidos à
M.Books do Brasil Editora Ltda.

Para os homens e as mulheres mais importantes da minha vida:

*meus pais, Georg e Johanna Ludwig,
por me darem vida,*

*meus sogros, Jack e Ruth Von Stiegel,
por me aceitarem em sua família,*

*minha irmã, Hilde Weber,
cuja perseverança mudou meu mundo,*

*meu sobrinho, Daniel Weber,
por ser um filho e um amigo,*

*meu marido, Hans Von Stiegel,
cujo amor incondicional me dá asas e
cuja cautela mantém meus pés firmemente plantados no chão.*

Sumário

Prefácio 13

Agradecimentos 17

Os Alpinistas 19

1. Desespero 23
   Lição de liderança nº 1: resiliência 27
   Uma conversa com Kay Unger 30

2. Vocação 35
   Lição de liderança nº 2: carreira x vocação 39
   Uma conversa com Sung-Joo Kim 42

3. A Primeira Tentativa 45
   Lição de liderança nº 3: gestão de projeto 49
   Uma conversa com Dr. Joachim Faber 52

4. Expectativas *e* Realidade 55
   Lição de liderança nº 4: atração da preparação 59
   Uma conversa com Baronesa Scotland de Ashtal 62

5. Voltando 67
   Lição de liderança no 5: fracasso 71
   Uma conversa com MARSHA SERLIN 74

6. **Longa Pausa Intermediária** 77
   Lição de liderança nº 6: seu legado 82
   Uma conversa com "Barão" Henry William Stiegel 85

7. **Criando a Equipe** 89
   Lição de liderança nº 7: seleção da equipe 94
   Uma conversa com Dr. Karl (Charly) e Lisa Kleissner.................97

8. **Perseverança** 101
   Lição de liderança nº 8: qualidade 105
   Uma conversa com Martha (Marty) Wikstrom 109

9. **Enfrentando o Inesperado** 113
   Lição de liderança nº 9: o inesperado 116
   Uma conversa com Sam Chisholm..119

10. **Apostando Tudo** 125
    Lição de liderança nº 10: decisões 128
    Uma conversa com Ministro Mohamed Lofti Mansour 131

11. **Um Último Obstáculo** 137
    Lição de liderança nº 11: críticas 138
    Uma conversa com Karin Forseke...142

12. **Rumo à África!** 147
    Lição de liderança nº 12: o ego 151
    Uma conversa com Presidente e Tenente-General Serets
    e Khama Ian Khama 155

13. **Começa a Escalada** 159
    Lição de liderança nº 13: ritmo 166
    Uma conversa com Christie Hefner 170

SUMÁRIO

14. O Barranco 175
    Lição de liderança nº 14: vencendo obstáculos 180
    Uma conversa com Abeyya Al-Qatami 184

15. Quase Lá 189
    Lição de liderança nº 15: liderando um time vencedor 195
    Uma conversa com O Honorável Al Gore e David Blood 199

16. Chegando ao Topo 203
    Lição de liderança nº 16: não permaneça demais no topo 207
    Uma conversa com Dr. Mohamed "Mo" Ibrahim 211

Epílogo 215

Sobre a autora 219

Prefácio

Este livro trata de liderança, porque precisamos de líderes empresariais que saibam quem são. Precisamos de líderes que consigam se relacionar espiritual e humanamente com as pessoas, que possam vencer desafios e demonstrar coragem para lidar com os obstáculos à medida que eles surgem.

Embora, neste caso, tenha ocorrido de fato a escalada de uma montanha, os líderes devem perceber que é a montanha interior que precisa ser conquistada, um dia por vez. Esses líderes deveriam usar fracassos como incentivo para chegar à significância. Eles devem ser líderes que entendem de planejamento e gerenciamento da execução, assim como da importância de criar equipes vencedoras e como mantê-las. Líderes que saibam como não permanecer prolongadamente no topo, porque o ar rarefeito nos altos escalões faz com que percamos a perspectiva, fiquemos inebriados pelo poder, pelo status e pela opulência e nos distanciemos do que realmente importa.

Este livro é um chamado para a criação de uma estrutura melhor e mais sustentável baseada em integridade, transparência, boa governança, no valor de cada ser humano e no poder do trabalho em equipe. Sua mensagem reforça o que todos os grandes líderes sabem: que juntos podemos realizar muito mais do que cada um de nós pode em separado.

Nesta história em que a aventura se une a conselhos práticos de negócios, este livro segue duas narrativas sobre escalar montanhas: uma, o fracasso na tentativa de chegar ao cume do Monte Kilimanjaro, e a outra, uma missão bem-sucedida ao topo. A primeira, embora dolorosa sob vários aspectos, serviu como motivação e ponte para a segunda. O que a princípio parecia um fracasso total acabou se tornando parte importante das lições descritas no livro.

A narrativa dramática de como liderei um grupo de pessoas de diferentes nacionalidades e habilidades em minha segunda tentativa de alcançar o cume do Kilimanjaro (a montanha mais alta da África) é a linha principal da história. Do grupo de 28 alpinistas que iniciaram a empreitada, 16 membros chegaram ao topo (quase 60%) – um resultado significativamente melhor do que a estatística habitual de 35% dos alpinistas alcançando o topo da montanha em expedições. Este curso dos eventos foi o que me inspirou e me deu provas de que são as pessoas ao nosso redor e o relacionamento que temos com elas que determinam nosso nível de sucesso.

Cada capítulo conta uma história sobre os desafios de liderança que nossa equipe enfrentou, tanto interna quanto externamente, a caminho do topo do Kilimanjaro. A narrativa da escalada (e reescalada) desta montanha majestosa é o pilar que uso para compartilhar lições poderosas sobre negócios e liderança. As lições são aplicáveis tanto no mundo empresarial como no campo das escarpas. Além disso, você encontrará em cada capítulo uma conversa com um ou dois líderes empresariais e políticos que personificam as lições nele oferecidas. Essas pessoas estão entre os mais poderosos e influentes líderes globais, representando países como Estados Unidos, Austrália, Alemanha, Reino Unido, Botsuana, Kuwait, Egito, Áustria, Coreia do Sul, Sudão e Suécia.

Cada um de nós tem uma montanha interior para conquistar e chegar ao topo, seja este topo uma grande proeza física ou uma grande meta de sucesso profissional. Cada lição visa ser diretamente relevante para sua escalada no mundo corporativo, na arena política ou na academia. As lições compartilhadas neste livro também são diretamente re-

PREFÁCIO

levantes para os desafios econômicos e políticos globais que atualmente enfrentamos e precisamos superar.

Meu profundo desejo é ajudá-lo a conquistar sua montanha pessoal e permitir que você chegue até o topo sem perder sua alma. Então agora, vamos começar a jornada.

Agradecimentos

Segundo o provérbio africano "É preciso toda uma aldeia para educar uma criança", e certamente é preciso a contribuição de muitas pessoas para levar a cabo um projeto desta magnitude, incluindo duas expedições ao pico do Monte Kilimanjaro, a produção do documentário *The Mountain Within* e a publicação deste livro.

Gostaria de agradecer às pessoas a seguir por contribuírem significativamente me inspirando e participando da redação do livro:

A equipe de alpinistas com habilidades diversificadas, cuja determinação e confiança possibilitaram a expedição ao Kilimanjaro; Rodney Chamberlain, presidente da Enham, cuja visão e determinação asseguraram que o projeto não fosse abortado prematuramente; ao conselho de administração da Enham por aprovar um projeto tão ousado, e a equipe de suporte ao projeto; Maha al Juffali-Ghandour, fundador do Help Center, que acredita que todo ser humano tem valor; a nossa talentosa equipe de filmagem, que capturou a magia da montanha e a expressão do potencial humano.

Gostaria de agradecer a minha amiga Joanne Sawicki, que me disse para escrever este livro e que foi uma fonte constante de encorajamento ao longo de todo o processo; a meu agente literário David C. Nelson, que reconheceu o valor de meu trabalho e me ofereceu orientações inestimáveis; aos 17 líderes cujo perfil será apresentado neste livro, que compartilharam graciosamente suas experiências e visões; e ao visionário Gary Krebs e a sua equipe altamente profissional da McGraw-Hill, por tornar a redação deste livro uma experiência muito prazerosa para mim.

Agradeço também à minha talentosa coautora Gina Smith e a seu marido, Henry, por sua imensa contribuição ao manuscrito.

E por fim, mas certamente não menos importante, sou eternamente grata a Hans, meu marido e melhor amigo, que ouve e frequentemente apoia minhas ideias malucas, que me encoraja quando quero desistir, que coloca meus fracassos em perspectiva e que comemora minhas vitórias.

Herta von Stiegel

Gostaria de agradecer a meu marido, Henry Schaefer, por sua dedicação a este projeto, a meu jovem filho, Eric, por me aguentar durante este período e à Dra. Ruth Richard, orientadora de minha tese de doutorado. Um agradecimento especial à Herta pelo convite para participar desta aventura maravilhosa e ao pessoal da Waterside, em particular a David C. Nelson.

Gina Smith

Os Alpinistas

Alexandre Adams, Reino Unido
Ahmed Afranji, Arábia Saudita
Steve Ballantyne, Reino Unido
Valerie Bradshaw, Reino Unido
James Bridges, Reino Unido
Gordon Brown, Reino Unido
Kate Koggins, Reino Unido
Elizabeth Curtis, Reino Unido
Pauline Griffin, Reino Unido
John Hauf, Estados Unidos
Claire Holt, Reino Unido
Ali Jaafar, Arábia Saudita
Laura Jackson, Reino Unido

Jack Kreindler, Reino Unido
Bryan Magee, Reino Unido
Jamie Magee, Reino Unido
Eric Murphy, Estados Unidos
Chris Parsons, Reino Unido
Kyle Portbury, Austrália
Michael Price Reino Unido
Luke Purse, Reino Unido
Sheila Ridge, Reino Unido
Gregori Rinaldi, Canadá
Morgan Roy, Austrália
James Smith, Reino Unido
Susie Snudden, Reino Unido
Hans von Stiegel, Estados Unidos/Reino Unido
Herta von Stiegel, Estados Unidos/Reino Unido

*Se você almeja sucesso na vida,
torne a perseverança seu amigo do peito,
a experiência seu sábio conselheiro,
a cautela seu irmão mais velho
e a esperança seu anjo da guarda.*

– Joseph Addinson
(1672-1719)

Ensaísta, poeta e político inglês

1

DESESPERO

Julho de 2008

Estava escuro como breu naquela noite nas encostas rochosas do Monte Kilimanjaro. E eu estava exausta, apavorada e me debatendo com uma das decisões mais difíceis de minha vida: deveria deixar para trás os membros de nossa equipe adoentados e os sem condições de prosseguir e continuar a escalada ou deveria parar – ou até mesmo voltar?

Não era para ter acontecido isso. Estávamos apenas no terceiro dia de nossa jornada. Os guias disseram que este seria um dia fácil, um descanso para os dois últimos dias de árdua escalada. Mas lá estava eu, revirando minha mochila para encontrar a lanterna, ouvindo os outros praguejando baixinho enquanto procuravam as suas. Caminhávamos sobre pedregulhos agora. Quão distante poderia estar o acampamento?

Eu liderava o grupo desta expedição, e que grupo incomum era este: sete alpinistas do Reino Unido e da Arábia Saudita portadores de uma variedade de limitações físicas e mentais, com o suporte de seus "companheiros" sem limitações. Eu os havia levado até lá numa missão filantrópica – ampliar os limites do que eles acreditavam que podiam fazer. Era a primeira expedição empreendida por uma equipe verdadeiramente multinacional e com múltiplas habilidades para chegar ao cume do Kilimanjaro.

Eu estava preparada. Se não, superpreparada. Mas o longo dia de caminhada sobre inclementes rocha e xisto cobrou seu preço naquela noite. Vi pessoas começando a desistir, voltando atrás. Uma delas, Val Bradshaw, começou a vomitar.

"Ela terá de retornar, Herta", disse-me Jack, um de nossos dois médicos da equipe. A forte náusea em escaladas pode acometer até mesmo os alpinistas mais experientes repentina e aleatoriamente. Começa com dor de cabeça e tontura. Se não tratada, evolui para edema cerebral, geralmente com desfecho fatal.

Foi preciso um esforço extra de minha parte para concordar. Estávamos escalando há três dias. Eu sabia que Val não queria desistir, mas percebi que ela precisava. Ela estava mal. Mas pode um líder seguir em frente sem um dos membros de sua equipe? Parecia errado. Ao mesmo tempo, também parecia necessário que eu continuasse, a qualquer custo. Escalar a montanha era um desafio, com certeza. Mas era também meramente um componente de um desafio pessoal maior que eu não podia simplesmente desconsiderar.

Há um momento em toda jornada difícil em que você questiona suas próprias habilidades. Nesta jornada em particular, eu estava certa de que tinha o planejamento apropriado, a liderança e as competências apropriadas. No entanto, os 25 anos de minha ascensão na escada corporativa me ensinaram que nada é sempre tão fácil quanto imaginamos. Mesmo tendo isso em mente, nunca esperei que as coisas ficassem tão difíceis logo no começo da viagem.

Vários membros de minha equipe já haviam desistido ao longo desses três dias. Qual era a probabilidade, pensei, de chegarmos ao topo com esta taxa de abstenção? Deveria me preocupar em continuar? Poucos nesta expedição sabiam que eu já havia tentado conquistar esta montanha antes e fracassado, uma experiência discutida em detalhes em capítulos mais adiante. O resultado desta tentativa anterior me assombrava na atual. Era contra tudo o que acredito tentar e fracassar novamente.

Quanto a Val, precisávamos seguir em frente e deixá-la para trás. Os médicos procuraram dar-lhe conforto, embora ficar para trás, longe do grupo, também fosse perigoso. As pessoas me alertaram sobre o quão imprudente e arriscada era esta missão. Conforme prosseguíamos, a imagem recorrente de Val rodeada por nossos médicos me fez entender os riscos.

O fracasso, ou mais propriamente, o medo do fracasso impregnou minha mente como uma canção conhecida impossível de tirar da cabeça. Tendo crescido como uma pessoa de ascendência alemã numa Romênia comunista, esta sensação me era familiar. Naquela época ficou ao meu cargo ajudar minha família juntar-se a minha irmã, imigrando para os Estados Unidos. Aterrorizada pela polícia secreta – que podia fazer qualquer um desaparecer num estalar de dedos – experimentei em primeira mão o que realmente significa alto risco. Ficar em fila enfrentando o interrogatório dessas autoridades tão temíveis foi um excelente preparo para o trabalho que mais tarde eu realizaria em empresas como Citibank, JPMorgan e AIG. Estando cara a cara com esses líderes corporativos que expressavam aquela mesma arrogância fria, eu sempre me dizia que eles não tinham o mesmo poder que os agentes da polícia secreta, um poder em que uma palavra errada dita num interrogatório podia significar cadeia ou morte certa. Depois de enfrentá-los, descobri que havia pouco no mundo corporativo que poderia me causar medo.

Mas agora eu estava frente a uma montanha sem rosto, obscura – não numa sala repleta de executivos de empresas. Diferentemente de minha conduta no mundo corporativo, aqui não havia espaço para negociação, não adiantava bancar a durona.

Lutando para vencer a íngreme rocha de xisto do Kilimanjaro, disse a mim mesma que a coragem que adquiri ainda bem jovem poderia de algum modo me ajudar agora, até mesmo aqui. Eu sabia que a vida dessas pessoas dependia de certa maneira das decisões que eu tomava. Sabia que alguns de nosso grupo estavam descontentes com o progresso da expedição. Sabia inclusive que reclamavam entre si de que haviam sido pouco informados sobre a possibilidade de terem de abandonar a escalada no meio e voltar sem que eu lhes desse uma alguma oportunidade de chegar ao pico. Fiquei com raiva e me senti diminuída. Comecei até a questionar minhas habilidades.

"Você canta, Herta?", perguntou uma das moças do grupo, Claire Holt. Sua voz soou como um alarme, tirando-me do estado de introspecção temerosa. "Sabe algum cântico ou hino?"

Sim, aprendi a cantar quando educada como adventista do sétimo dia atrás da Cortina de Ferro. Também sabia a letra de muitos hinos. Juntas, Claire e eu, começamos a cantar num coro espirituoso enquanto continuávamos a escalar na escuridão.

A preocupação voltou, é claro. Se acontecesse algum desastre a culpa seria minha. Isso significava que eu decepcionaria essas pessoas corajosas.

Nossa cantoria perdeu ímpeto e silenciou. Tudo o que eu ouvia agora era o arrastado de nossas botas no terreno acidentado e minha própria respiração arfante. Todos travavam uma batalha. Lá estava meu grupo – essas pessoas que eu havia feito escalar para instigá-los física e emocionalmente – e agora experimentava uma situação extrema que nunca havia enfrentado antes. Eu sabia que mesmo alguns daqueles que conseguiram chegar ao acampamento naquele dia seriam forçados a voltar no dia seguinte. Os líderes da expedição e os médicos teriam de decidir quem tinha condições físicas de continuar e chegar ao pico, e quem teria de descer a montanha e voltar. Para aqueles que haviam dado tudo de si para chegar até ali, isso seria um duro golpe.

Havia uma luz adiante. Finalmente estávamos próximos do acampamento. Conforme eu cambaleava em direção às barracas, Ali Jaafar, um dos alpinistas sauditas veio me ajudar. "Graças a Deus você chegou", ele disse. Suas mãos deslizaram sob as alças de minha mochila tirando o peso. "Deixe que eu carregue isso para você."

Lutei contra o desespero durante tanto tempo, que este simples gesto de gentileza foi demais para mim. Comecei a chorar. Não consegui evitar. Estava tão exausta fisicamente que todas as minhas defesas emocionais sucumbiram. Embora isso contrariasse o que eu considerava ser minha identidade – a líder da expedição, a empresária durona – naquele momento, eu simplesmente sentei e chorei.

A árdua escalada sobre pedregulhos, os alpinistas doentes pelos quais eu era responsável e a grande probabilidade de que esta expedição resultasse num fracasso colossal (novamente!) foram esmagadores. Meus pensamentos tornaram-se ainda mais sombrios ao longo da noite. A incerteza tomou conta de mim, como se meu primeiro fracasso nesta montanha fosse a verdade nua e crua: minha incapacidade de atingir esta meta. Desta vez eram minhas dúvidas que estavam minando nossas chances de sucesso.

Será que ia contra o interesse de todos continuar escalando e acreditando? Será que eu estava sendo arrogante – até mesmo egoísta – em continuar tendo esperanças no sucesso? Com o futuro da expedição incerto, permiti-me afundar no desespero.

Lição de Liderança Nº 1: Resiliência

Nos negócios e na nossa vida pessoal, todos temos momentos de desespero. São momentos de crise existencial, "a noite escura da alma" que o misticismo medieval tão eloquentemente disseminou.

Fechar um negócio ou dar um passo adiante – especialmente quando você acaba de sair de um fracasso doloroso – é difícil. É fácil prosseguir quando as coisas estão positivas e evoluindo como você quer. A história é totalmente outra quando se está na escuridão e não existe um meio óbvio de escapar. É nessa hora, nos momentos sombrios, que deve ser feita a escolha entre perseverar ou desistir. É necessário uma decisão consciente para perseverar. Como sobrevivente de campo de concentração e grande pensador existencialista, Viktor Frankl ressaltou, sua atitude, em suma, é a única coisa que está sempre sob seu controle.

Quando a situação parece sombria – quando o sucesso parece remoto – não existe momento melhor para escolher uma atitude de persistência, uma atitude de *resiliência*. Isso, como constatei, é a chave para prosseguir quando o desespero ameaça impedir você de atingir o sucesso que está praticamente ao seu alcance.

Resiliência é um conceito que existe há séculos. A ideia de se recuperar rapidamente de uma adversidade, ser capaz de sobreviver e até mesmo prosperar a despeito de um trauma ou uma série deles, é tão antiga quanto Confúcio. "Nossa maior glória não está em nunca falhar", disse o filósofo chinês. "Está sim em nos reerguermos toda vez que caímos."

> ### Escolha Perseverar
>
> Sempre que as perspectivas parecerem desalentadoras, persevere; não desista. Persevere quando as coisas parecerem difíceis e você não conseguir ver nem uma nesga de luz no fim do túnel. Não desista, de modo algum. Persevere, seja para enfrentar um terreno de pedregulhos ou uma sala de reunião, seja para lidar com a polícia secreta ou com executivos hostis que podem destruir sua carreira, até mesmo quando (e especialmente quando) você não tiver um tostão no bolso. Faça uma introspecção e lembre-se de seus pontos altos, daqueles momentos de sucesso inquestionável que você alcançou. Examine sua vida pessoal em busca dos recursos e da orientação de que precisa – nem tudo diz respeito a negócios. Lembre-se daquela voz interior calma que no passado trouxe clareza em tempos caóticos. Lembre-se daqueles momentos em que o risco era alto e você fez dar certo. Perseverança é o que nos faz resistir e é o primeiro passo para levantar, sacudir a poeira e voltar à ação.

Os melhores pesquisadores do mundo no campo da psicologia identificaram a resiliência como um traço de caráter raro mas muito real entre vítimas de trauma, desordem social, tortura e tragédias. Os pesquisadores buscam continuamente explicações para esta constatação. Por que alguns sobreviventes saem de suas terríveis experiências inabalados ou até mesmo fortalecidos? Conforme as respostas vêm à tona, um conjunto de características comuns aos assim denominados resilientes começam a surgir. É apropriado afirmar que pessoas sem um excedente de resiliência têm pouca probabilidade de chegar ao topo. Resiliência é uma qualidade que precisa ser cultivada, mas esteja certo de que você pode aprender como se tornar mais resiliente mesmo que não tenha nascido com este atributo. Pesquisadores ao redor do mundo, incluindo Emmy Werner com seu famoso estudo de quatro décadas sobre crianças havaianas carentes, identificaram as seguintes características nas pessoas resilientes:

- *Atitude de perseverança.* Pessoas resilientes não desistem. Elas usam o diálogo interior positivo para se manterem otimistas frente aos piores resultados possíveis.

- *Auto-reinvenção.* As pessoas resilientes também mostram uma enorme capacidade de se reinventarem em novos papéis após um grande trauma ou fracasso. Elas têm uma incrível plasticidade neste sentido. Existe maneira melhor de se recuperar rapidamente do que se adaptar ou adequar?

- *Coragem.* Nos negócios ou na montanha, sobreviventes resilientes costumam enxergar os eventos de sua vida de maneira menos pessoal, considerando seus fracassos, não importa quão dolorosos, como lições de progresso.

- *Contar com um mentor.* Estudos mostram que os resilientes entre nós têm alguém que lhes proporciona apoio, orientação e perspectiva. Às vezes, a melhor maneira de suportar tempos difíceis é conversando com alguém que já passou pelo mesmo.

▶ *Autoestima restaurável.* Parece óbvio, mas a capacidade de manter crenças e visões individuais totalmente separadas dos resultados que se obtém é um fator-chave da resiliência. As pessoas que melhor se recuperam de contratempos são aquelas que decidem que as circunstâncias causaram seu fracasso e não o oposto.

Nancy Palmer, uma das principais pesquisadoras sobre resiliência nos Estados Unidos, afirma que o fenômeno é tão complexo que se torna praticamente impossível desmembrá-lo. Segundo Palmer: "Para que o fenômeno resiliência seja criado é preciso que existam características pessoais, tais como competências sociais, e fatores ambientais. A resiliência não vem apenas da pessoa. Além disso, baseia-se em características biológicas e psicológicas do indivíduo. O papel do ambiente não pode ser esquecido... pessoas, oportunidades e atmosfera se somam na equação da resiliência".

Ter sucesso diante da adversidade requer um compromisso em se tornar resiliente – e não é fácil. "Para que a pessoa mostre resiliência é preciso fazer um grande sacrifício e suportar muito sofrimento", diz Palmer. "Pessoas resilientes enfrentam estresse e adversidades tremendas."

Não importa o quanto difícil, árduo, uma coisa é certa para qualquer pessoa que tenha superado uma grande adversidade, conseguido vencer e até prosperar: o sucesso depende da resiliência, da escolha de perseverar.

▶ *Uma conversa com* ◀
Kay Unger

Kay Unger personifica a resiliência persistente. Conheci a estilista famosa em Chicago quando ambas participamos de uma reunião de diretoria do Comitê das 200 (C200), uma organização de mulheres de negócios proeminentes. Eu acabara de chegar ao hotel e estava fazendo planos de contingência, pois minha bagagem por alguma razão havia sofrido um desvio. "O que vou vestir?" pensei alto. Uma de minhas colegas do comitê disse: "Fale com Kay. Ela vai dar um jeito para você".

Eu sabia que Kay era uma estilista maravilhosa cujas roupas eram vendidas sob as marcas Kay Unger New York e Phoebe Couture e eram usadas por celebridades como Ophra Winfrey, Salma Hayek e Tyra Banks. Suas criações apareceram em programas de TV, incluindo seriados como *Gossip Girl, A família Soprano e Sex and the City*. À primeira vista, Kay parecia ser mais uma das empreendedora de sucesso – alguém admirado por chegar ao topo em sua profissão sem nunca sofrer contratempos. Mas depois que a conheci melhor, percebi que nada disso veio facilmente.

Quando jovem, tudo o que Kay sempre sonhava em fazer era criar roupas bonitas. Ela usou uma herança de 25 mil dólares deixada pelo pai, um banqueiro de investimentos bem-sucedido que faleceu ainda jovem, para montar sua empresa. Sem entender muito sobre o negócio, ela decidiu trazer duas sócias para ajudá-la. Ao final da década de 1980, a empresa tinha uma operação de milhões de dólares. Ela também alcançou o sucesso na vida pessoal; era casada e tinha dois filhos. Tudo parecia evoluir como ela sonhava.

Aos poucos, no entanto, Kay começou a pressentir que havia algo errado. Ela sempre manteve seu foco na criação, deixando o lado comercial e operacional da empresa a cargo dos sócios. A despeito de todo o sucesso aparente desta organização, algo parecia fora de sintonia. Mas ela não sabia o quê.

De repente, uma das sócias deixou a empresa após uma discussão acirrada com a outra. A sócia remanescente parecia estar desfrutando de um estilo de vida bem mais opulento do que a própria Kay achava que podia bancar. Seu contador pessoal deu a entender que havia uma sangria de dinheiro na empresa, mas isso era tudo o que ele conseguia ver.

Os problemas financeiros pioraram e Kay e sua sócia acabaram perdendo o controle. A empresa foi obrigada a pedir falência. Pior ainda, alguns anos antes, as sócias de Kay e o advogado da empresa pediram que ela assinasse um termo de avalista para milhões de dólares. Isso significava que ela não só havia perdido sua empresa, mas que também arcaria com a desconsideração da personalidade jurídica da mesma. Como resultado do desfalque feito por uma sócia, ela agora enfrentava a ruína pessoal.

"Minha sócia saiu dos escombros relativamente ilesa, mas eu estava sendo processada por uma dívida de US$ 7 milhões. Por sorte – achei – na época em que assinei o termo de garantia, meu contador me convenceu a passar alguns de meus bens, inclusive nossa casa, para o nome de meu marido, a fim de protegê-los. Ao menos, pensei, meus filhos terão um teto para abrigá-los."

Foi então também que seu marido anunciou que a estava deixando. Kay acabava de perder tudo o que possuía e amava. Ela não tinha sequer um cartão de crédito em seu nome.

"Mas continuei me lembrando das palavras de meu pai", ela disse. "Ele morreu antes que pudesse de fato me ensinar algo sobre negócios. Mas me lembro que, quando eu ainda estava na escola, certa vez ele me disse: 'Kay, se você nunca vir o fundo do poço e conseguir sair desse lugar horrível, nunca saberá de fato como é se sentir bem-sucedida e livre.'"

Kay continuou me contando sobre o pior momento em sua vida. "Eu havia perdido tudo que possuía", ela disse. "Poucos meses antes eu valia milhões, ou assim eu acreditava – mas agora me encontrava caminhando muitos quarteirões ao longo de Nova York porque não tinha dinheiro para um taxi." Esta longa caminhada era para Kay uma previsão sombria do que estava por vir. "Foi nesse dia em que, caminhando penosamente para casa sem um tostão, cheguei ao fundo do poço," ela me disse. "Eu havia perdido não só todo meu dinheiro, mas também meu bom nome – chamei a empresa de Kay Unger, e agora ela estava quebrada. Dava a impressão para o mundo de que eu havia causado a falência e para os credores eu era a responsável. A pior coisa era me sentir tão fora de controle. Sempre fui determinada a ser autossuficiente e não depender de um homem para meu sustento, no entanto agora não tinha nada.

Mas mesmo antes de se humilhar pela perspectiva de perder tudo, Kay conseguiu dar a volta por cima. Ela se recusou a perder a esperança mesmo sob essas condições aparentemente desesperadoras. Ela tinha dois filhos adolescentes para criar e estava determinada a superar o fracasso e voltar ao topo.

Sua virtude é que ela era conhecida e admirada no setor e nunca comprometeu seus princípios éticos. Do nada, ou assim lhe pareceu, um de seus ex-funcionários a procurou com uma oferta do dono de uma fábrica asiática e uma proposta de resgate. Kay decidiu reconstruir sua empresa do zero.

Primeiro, ela renegociou o aluguel de um dos escritórios que a empresa havia devolvido. Os filhos a ajudaram a pintar e a transformá-lo em um showroom. Com uma equipe minimamente essencial, Kay iniciou a nova empresa. Atualmente, Kay dirige a Phoebe Couture, sua pequena mas altamente respeitável empresa, com faturamento de cerca de US$ 40 milhões, e um quadro enxuto de 50 funcionários. Ela continua a colher elogios da indústria da moda e das clientes que usam suas lindas criações. No entanto, devido a sua experiência, Kay agora é uma pessoa equilibrada e centrada que desfruta de seus louros.

"Nunca esquecerei quão péssima me senti naquele dia caminhando para casa, sem um centavo em meu nome e com minha reputação em frangalhos," disse ela. "Mas meu pai estava certo. Se você nunca foi à bancarrota e aprendeu com isso, como pode entender e dar valor às recompensas do sucesso?"

2

VOCAÇÃO

Setembro de 1995

POR QUE ALGUNS DE NÓS SOMOS levados a concretizar nossas visões de sucesso e não apenas a sonhar com elas? Pessoas altamente bem-sucedidas nos mais diversos meios – empresarial, político, artístico – me disseram com frequência o que minha própria experiência confirmou: que isso remonta à infância. A maioria dos empreendedores afirma que, para eles, o sucesso é como uma vocação. Concretizar uma visão pode ser sofrido, muito trabalhoso, mas aqueles que realmente conseguiram isso alegam que não tinham outra escolha a não ser fazê-lo.

Talvez isso explique por que entrei em crise naquela noite que descrevi no capítulo anterior, a meio caminho do topo do escuro e perigoso Monte Kilimanjaro com o grupo sob minha liderança. Talvez isso explique por que fiquei sentada lá, sofrendo e insegura, em vez de continuar caminhando, confiante, em meus sapatos de grife, para conquistar a montanha, da mesma maneira que eu fazia para fechar mais um contrato multimilionário. No mundo corporativo, eu saberia exatamente o que fazer, mas aqui estava fora de minha zona de conforto.

Naquela noite de 2008, após caminhar aos tropeços ao longo do terreno pedregoso e chegar ao acampamento com menos alpinistas do que quando parti, eu continuava incerta sobre se conseguiríamos terminar a escalada. Mas tinha a intenção de desistir. Eu simplesmente me recusei. Essa determinação – de levar este grupo ao topo da montanha – ocorreu muitos anos antes, e eu fiz um planejamento detalhado para os momentos difíceis que estava experimentando agora.

A primeira vez que coloquei meus olhos no Kilimanjaro foi em 1995. Eu estava numa excursão com Hans, meu marido, e fiquei admirada com o lindo pico coberto de neve que repentinamente despontou na minha frente. Ele resplandecia e brilhava. Eu fiquei hipnotizada. Olhei para Hans: "Quero escalar esta montanha", eu disse. Ele me fitou com seus grandes olhos castanhos como seu eu tivesse duas cabeças.

Mesmo assim, não perdi aquele senso de admiração. Ao voltar a Londres, continuei sentindo o mesmo, *era* meu destino escalar aquela montanha. Sabia que seria árduo, até mesmo sofrido, mas eu o faria. Com o mesmo espírito que regularmente me imbuía nas batalhas travadas na sala da diretoria, eu conquistaria aquela linda montanha de pico nevado.

Sempre fui assim. Crescer na sombria Romênia comunista foi um começo apavorante para minha vida, embora meus pais fervorosos me amassem e fizessem de tudo para me proporcionar a melhor infância possível. Era uma época de pobreza e medo para nós. Suspeitávamos que um vizinho adolescente fosse um informante. Nossa correspondência sempre chegava violada; a polícia secreta nem se incomodava em esconder isso. Parecia que eles sabiam o que estávamos comendo no café da manhã. Se não tivéssemos encontrado um jeito de sair do país em meados da década de 1970, não consigo imaginar onde estaríamos agora. Tivemos muita sorte de escapar.

Para mim, o bom desempenho acadêmico era uma possibilidade de nos livrarmos de nossas dificuldades. Eu era uma aluna aplicada que nunca negligenciava os estudos, mesmo que isso significasse estudar depois de trabalhar nos vinhedos com minha família, para garantir nossa sobrevivência. Certos dias, eu pedia a minha mãe que me acordasse às cinco da manhã para que eu pudesse terminar minhas lições com perfeição. Mergulhava meus pés na água gelada para me manter acordada, quando preciso. Surpreendentemente, a despeito de minhas notas serem altas, acabei sendo expulsa da escola porque minha crença religiosa não permitia que eu frequentasse as aulas aos sábados juntamente com os outros alunos.

Vencer a adversidade e lutar contra o fracasso a cada dia era um meio de vida para nós sob o regime comunista. Até mesmo suprir as necessidades mais essenciais exigia o maior cuidado e determinação naquele mundo desolador e monocromático. Num ano, quando houve escassez de alimentos em outras regiões do país, o governo estabeleceu um sistema de permuta para se comprar itens tão básicos quanto óleo e açúcar. Minha família não foi exceção quando este sistema foi implantado. Certo dia, minha mãe me confiou dois ovos para levar à loja em troca de um pouco de óleo. No entanto, os ovos eram apenas o passe para a transação; ainda assim, precisávamos pagar pelo óleo em dinheiro.

Naquele dia, sabendo que a fila seria enorme e que os suprimentos eram limitados, acordei às 3 horas da manhã para pegar um lugar na fila antes que a loja abrisse às 7 horas. Conforme o horário de abertura se aproximava, a multidão começou a se espremer e empurrar na fila – tanto, que desmaiei. Quando me recobrei, os ovos continuavam em meu poder. Alguma boa alma me segurou e também trouxe água, porque de algum modo os ovos ficaram inteiros. Quando chegou minha vez, eu os entreguei e voltei para casa triunfante com aquele meio litro de óleo. Foi uma vitória.

Escalar o Kilimanjaro? Comparado a sobreviver e fugir da Romênia seria fácil. Ou assim eu pensei em 1995 quando defini para mim a meta ilusoriamente simples de conquistar a montanha pelo meu quadragésimo aniversário.

Obviamente, não era tão simples. Identificar uma visão e perceber que você tem vocação para isso são apenas os passos iniciais de uma longa jornada. Mesmo na minha ingenuidade naquela época sobre montanhas, eu sabia que precisaria estar totalmente preparada. E ter condicionamento físico era uma outra parte desse preparo. Veja bem, eu cresci na paisagem montanhosa da Transilvânia, que não é nem de longe tão gelada e inóspita como as lendas sobre Drácula retratam. Na

Transilvânia, ao pé dos montes, alinham-se pomares e vinhedos. Nas montanhas mais altas, há vistas espetaculares. Quando criança, caminhei por essas montanhas e passei a amá-las desde então. Não há nada como o senso de realização quando você chega ao alto e consegue ver o mundo a seus pés.

O Monte Kilimanjaro, no entanto – era totalmente diferente. O pico desta montanha está a 6 mil metros de altitude e eu nunca fui uma pessoa muito atlética. Todas as metas anteriores ao longo de minha infância e de minha carreira em finanças foram de cunho intelectual. Agora, o peso de uma meta física dramática começava a atingir proporções obsessivas. A despeito dos longos dias no escritório e das noites escuras e chuvosas, eu procurava ir praticamente todas as noites à academia por ao menos uma hora, não importando quão cansada eu estivesse.

Hans me mantinha focada. Quando ele viu que eu estava levando isso a sério, decidiu lançar-se na aventura, também. Ele se tornou meu parceiro na ida à academia, nas cartas escritas e nas pesquisas – basicamente tudo o necessário para comparar as alternativas e decidir sobre a expedição e os guias certos para a meta do Kilimanjaro. Queríamos uma empresa experiente que transpirasse segurança e profissionalismo, e a aquela que finalmente escolhemos parecia atender nossa expectativa. A empresa traçou um roteiro de treinamento: a escalada de uma montanha menor, o Monte Meru, que ajudaria a nos aclimatarmos à altitude, às temperaturas e ao ambiente geral da experiência antes de entrarmos de cabeça na apavorante e excitante aventura que seria o Kilimanjaro.

Abordei este projeto da mesma maneira que abordava qualquer projeto corporativo: dividindo o processo em uma série de etapas menores. Conforme riscava itens de minha lista, permanecia continuamente atenta, nunca perdendo meu objetivo de vista. Eu tinha uma visão. Eu tinha uma vocação. Agora só precisava concretizá-las.

Havia dúvidas, é claro. Será que eu estava realmente preparada fisicamente? Será que nossa pesquisa havia sido suficientemente minuciosa? Como sempre, Hans tinha as respostas de que eu precisava, aquelas que eu instintivamente já sabia em meu íntimo: "Tudo o que você decide fazer é um sucesso, querida – e, pelo amor de Deus, é apenas uma montanha".

As palavras dele me confortaram naquele momento. Era apenas uma montanha. Porém mais adiante, deitada naquela montanha numa noite fria de outubro refletindo sobre tudo isso, vi que nada em minha vida havia sido apenas uma montanha.

Lição de Liderança Nº 2: Carreira x Vocação

QUAL É SUA VOCAÇÃO? Saber em seu íntimo que você tem uma vocação, algo que pode realizar na vida, é uma coisa difícil de ignorar. Ignorar isso significa frustração. O escritor e filósofo Joseph Campbell referiu-se a dar atenção a uma vocação como "perseguir sua felicidade". Fazer isso leva a um profundo sentimento de satisfação e significado em sua vida. O autor norte-americano Frederick Buechner define vocação como "aquele lugar onde sua maior alegria encontra com a maior necessidade do mundo". Séculos antes, Confúcio aconselhou seus seguidores: "Escolha um trabalho que ama e você jamais terá de trabalhar um único dia na vida". É um conselho atemporal que se aplica ainda hoje.

Psicólogos aprofundaram-se no estudo do que é ter uma vocação e de onde ela pode vir. Alguns definem vocação como um sentimento transcendental – isto é, sentir literalmente que sua vocação foi um chamado. Uma inspiração que toma conta de você e o leva para onde você deveria estar. Uma vocação não é uma meta que criamos e controlamos. Em vez disso, é um professor a quem ouvimos e seguimos se temos a coragem e o desejo de alcançar nossas mais altas aspirações.

Uma vocação também pode ser considerada como uma percepção repentina que pode acontecer em qualquer momento da vida, deixando que você saiba que, sim, esta vocação ou meta trará o valor máximo a sua existência. Seja algo que você sentiu desde a mais tenra idade ou algo que veio mais tarde, seguir sua vocação traz significado a sua vida. Alguém com uma vocação ama o que faz, e está disposto a tudo para continuar perseguindo isso.

Todos sabemos qual é nossa vocação. Sabemos quando lembramos do que queríamos ser quando éramos crianças, ou ao escolhermos nossas carreiras quando as iniciamos e até mesmo pelos tipos de livros que lemos e pelas atividades de lazer que apreciamos.

Prenda-se a sua Visão

As pessoas irão desencorajá-lo. Elas talvez lhe digam que a visão que tem sobre seu sucesso é ilusória, culturalmente errada, ingênua ou impraticável. Mas se esta visão está em seu coração (se a sente), você a conhece. Faça mais do que simplesmente construir uma carreira, a despeito de quão importante ela seja. Descubra sua vocação, sua paixão e persiga sua visão, não apenas por dinheiro ou fama, mas para fazer diferença no mundo.

Quando criança, eu queria ser advogada. Não era um propósito de carreira herdado, ao menos não no sentido convencional. Meus pais, embora muito inteligentes, tinham instrução básica. A brutalidade da Segunda Guerra e o regime comunista que se seguiu limitou severamente seu progresso acadêmico. Ironicamente, a inspiração para meu desejo de tornar-me advogada veio da situação experimentada por minha mãe durante a guerra. Minha mãe e minha avó foram condenadas por uma corte marcial a 25 anos de prisão por suas crenças religiosas. Suas sentenças foram comutadas em parte devido à eloquente defesa de advogados competentes. Consequentemente, eu achava o máximo ser advogado, e como sempre fui muito articulada mesmo quando pequena, queria crescer e ajudar as pessoas sendo uma advogada de sucesso. Oportunamente, me tornei um deles. Quando passei da advocacia para o segmento empresarial, meu desejo de fazer diferença na vida das pessoas continuou profundamente arraigado em minha mente.

Se você ocupa uma posição que não está alinhada com sua vocação, aconselho que examine a fundo sua escolha de trabalho. De modo geral, executivos que trabalham no que têm vocação relatam maior sucesso profissional, mais conforto com as decisões que tomam, uma visão mais clara do rumo de suas vidas e um comprometimento mais profundo com o que fazem no dia a dia. Toda ação conta para uma pessoa com uma vocação.

Executivos que afirmam possuir uma vocação também reportam menos estresse no trabalho, maior estabilidade no cargo, mais satisfação na carreira e salários maiores. Eles acham que suas vidas têm mais significado. Embora seja imperativo adquirir todas as competências, a instrução e a experiência necessárias para uma carreira frutífera, isso não é o suficiente. Uma vocação transcende a carreira mais bem-sucedida. É muito mais do que o tamanho de sua conta bancária, do que mais uma honraria, título ou promoção. Uma vocação engloba toda a satisfação e empolgação que você sente quando avança em sua vida.

Nunca é tarde para descobrir sua vocação ou para voltar a segui-la caso você tenha se distanciado. Imagine-se como uma testemunha de seu próprio funeral. Tente visualizar as pessoas que fizeram parte de sua vida e o que gostaria que elas dissessem aos outros sobre sua contribuição para o mundo com sua carreira e suas escolhas de liderança. Você está construindo a vida que desejava criar?

Seu trabalho pode ser uma dádiva para o mundo. Se você acha que sua carreira não corresponde a sua vocação, está não só privando o mundo de seu dom em particular como também está se privando da autorrealização e do significado resultante de saber que está fazendo o que era seu destino fazer. Você precisa seguir sua vocação se realmente quer ter sucesso.

Uma conversa com
Sung-Joo Kim

Se existe um exemplo perfeito para esta segunda lição de liderança, é minha amiga Sung-Joo Kim. Recentemente indicada como uma das "50 principais mulheres no mundo a se espelhar" pelo *Wall Street Journal* e uma das "sete mulheres mais poderosas da Ásia" pela *Asia Week*, a alta, elegante e amável Sung-Joo Kim é uma fortaleza a se considerar.

Ao longo de sua escalada rumo ao topo, Sung-Joo Kim foi obstinada no que queria fazer – uma visão genuína. Mulher de forte convicção, ela se ateve com tal tenacidade a essa visão que nem mesmo as piores dificuldades e críticas puderam demovê-la.

Sung-Joo Kim é a fundadora do grupo varejista Sung-joo Group, que controla dezenas de franquias de grifes na Coreia do Sul, incluindo lojas da Gucci, Yves Saint Laurent e Marks & Spenser. Além disso, ela é diretora executiva e presidente do grupo MCM, uma empresa alemã de artigos de luxo. As bolsas da MCM podem ser vistas nos braços das celebridades mais ricas do mundo, mas nem sempre foi assim. Sung-Joo adquiriu uma empresa que enfrentava sérias dificuldades, recuperou-a e a transformou num fenômeno global de US$ 400 milhões ao focar no atendimento ao cliente, em designs práticos e numa produção custo-eficiente. Nascida na Coreia do Sul numa família abastada de empresários, ela foi desencorajada a trabalhar após terminar a faculdade. Seu pai acabou a deserdando por sua ideia rebelde de escolher ela própria o namorado, em vez de aceitar um casamento arranjado. Mas Sung-Joo estava determinada a seguir sua vocação. Ela começou do zero, e nunca perdeu de vista o caminho que traçou para si.

Sung-Joo queria provar que mesmo num país com tradição patriarcal como a Coreia, uma mulher podia chegar ao topo. Ela queria mostrar que uma mulher ou um homem podiam ter sucesso sem comprometer a transparência e a honestidade. Esta visão tornou Sung-Joo uma das mais respeitadas pessoas de negócios –homens e mulheres –

de toda a Ásia. E por fim, ela queria provar que é possível montar uma pequena empresa ou dirigir uma empresa de médio porte e expandi-las para proporções de um gigante global.

"Nunca batalhei realmente por dinheiro ou fama", Sung-Joo me disse, explicando que ela na verdade tinha três visões interconectadas conforme ascendia na escada do sucesso. "Antes de tudo, minhas únicas obrigações como mulher eram ir para a faculdade certa e ter um casamento arranjado", ela disse. Mas Sung-Joo queria mais da vida, e queria isso de acordo com seus termos e condições.

"Minha missão também incluía lutar contra a corrupção", ela me disse, explicando que, quando estava montando sua empresa do zero, esperavam que ela aceitasse e pagasse subornos para facilitar e agilizar as coisas. "A corrupção vem muito fácil. No início, enfrentei uma resistência enorme por não aceitar subornos ou dar propinas a vendedores. Mas eu queria provar que com as mãos limpas, sem corrupção, eu podia vencer."

"Também procurei educar minha equipe quanto a isso", ela acrescentou. "Como não recorremos a nada do tipo suborno e propina, tivemos de provar que nosso poder estava na estratégia do negócio e que nos respeitávamos mutuamente assim como a nossos clientes. Ficou comprovado que, durante a crise asiática de 1998, mais de 40 mil pequenas e médias empresas quebraram. Mas nós sobrevivemos." Isso mostrou, ela me disse, que trabalhar honestamente (sua missão desde o início) era não só *um* caminho para o sucesso; era *o* caminho.

"Transparência e uma política honesta são a verdadeira competitividade – e nós provamos isso", ela comentou. Durante a crise financeira, ela perdeu US$ 30 milhões da noite para o dia, mas estava determinada a fazer tudo a seu alcance para salvar a empresa, inclusive vender sua "joia da coroa", a franquia da Gucci. Ela fechou a venda por US$ 27 milhões, muito mais do que o comprador imaginou que uma venda de salvados exigiria, mas ela estava decidida a fazer isso apresentando uma contabilidade honesta e limpa. Ganhou tanto respeito dos compradores por sua abordagem, que os convenceu de que a franquia valia o preço pedido.

"Transparência dá poder", ela me disse com uma fisionomia resplandecente enquanto explicava sua filosofia. Ela contou que é movida por uma forte crença em Deus e pela certeza de que não está apenas construindo uma carreira, mas seguindo sua vocação. Ficou evidente para mim sua satisfação por não ter desistido de sua missão de ser uma mulher de negócios na Ásia – uma mulher que pode conduzir sua empresa honestamente e sem subornos, mesmo quando teve de começar do zero. Sung-Joo é uma lição para todos nós.

3

A Primeira Tentativa

Outubro de 1997

ANTES DO KILIMANJARO VEIO O MONTE MERU. Distante apenas 70 Km do Kili, a altitude de 4.600 metros fazia do Meru uma excelente montanha de treinamento, como nossos guias sugeriram. Deveríamos subir o Meru, descer, descansar por um dia, e só então iniciar a conquista do Kilimanjaro – a montanha que de fato era nossa meta.

A manhã em que iniciamos nossa escalada do Meru era de um dia quente, úmido e repleto de insetos, típico de clima subtropical. Em meio à mistura africana de beleza selvagem singular e perigo, senti o primeiro gosto do medo. Examinei a comitiva que nos acompanhava nesta expedição teste. Além de Hans e eu, havia cerca de outros 10 alpinistas, os sobrecarregados carregadores e os guias. Um dos guias da reserva natural que acompanhava nosso pequeno grupo, Michael, levava uma arma. Assim como seus colegas. Eu o observava rastrear atentamente cada centímetro da trilha na floresta a nossa frente e ao nosso redor. Nossos olhares se cruzaram e ele maneou a cabeça na direção dos meus pés.

"Elefante", ele disse.

Vi então que estávamos pisando sobre pilhas enormes de excremento ainda fresco, exalando vapor. Excremento de elefante. Já havia visto elefantes antes, embora apenas na segurança do banco traseiro de um Land Rover. Observei nervosa a vegetação e percebi que o elefante – ou sua família inteira, a julgar pela quantidade de excremento na trilha – poderia surgir do nada, desembestado, a qualquer segundo. Eles podiam estar a poucos metros de distância e não os veríamos até que estivessem praticamente sobre nós.

Michael achou graça de meu nervosismo. "Eles usam esta trilha à noite."

Então a sensação de excremento fresco era apenas minha imaginação? Então era o calor da manhã o responsável por aquele vapor que notei? De qualquer modo era um lembrete vívido. Eu estava fora do mundo em que um cartão de visita ou um cargo era importante. Aqui, o mundo e seus animais atuavam sob regras diferentes.

Foi em busca disso que vim, percebi então, conforme meu medo dava lugar à alegria da total liberdade que a expedição proporcionava. Eu estava lá para vivenciar a natureza, para ver do que eu era realmente feita e para enfrentar um tipo de desafio muito diferente de todos os que eu já havia experimentado antes. A bela paisagem ao redor lembrava do quanto mais existe no mundo além de dinheiro, negócios e ascensão na escalada corporativa. Ninguém se importava com meu cargo ou meu bônus nesta montanha. A vida não foi feita para ser assim. No final da noite, sentada em volta da fogueira na frente das barracas que montamos, percebi do que a vida deveria ser feita: comunidade, companheirismo e iniciativa.

Nos dois dias seguintes, conforme subíamos cada vez mais alto no Meru, todos nós alpinistas iniciantes começamos a sentir os efeitos colaterais da altitude. Quanto mais alto escalávamos mais difícil cada passo parecia. Minhas pernas estavam pesadas e minha respiração ofegante. Depois que ultrapassamos a altura das árvores, o ar parecia não mais satisfazer nossos pulmões exauridos. Era muito rarefeito. Os guias insistiam continuamente que tomássemos líquido, pois havia alto risco de desidratação nessas altitudes. Carregadores e guias, que escalavam esses picos regularmente, pareciam tão vigorosos comparados a nós. Uma dor se instalou em minha cabeça, assim como novamente minhas dúvidas. Se esta montanha já é tão difícil, pensei, como vou dar conta do Kilimanjaro com apenas um dia de descanso? Este tipo de dúvida levava ao fracasso, não ao sucesso. O Meru era um passo para algo maior – e eu não me deixaria abater neste estágio inicial.

Eu me concentrava cada vez mais no que Hans havia dito. Pensei na expedição como um empreendimento comercial, dividindo-a em etapas factíveis. Assim como nos negócios, em que ninguém vai financiar uma iniciativa sua de grande porte antes que você prove seu valor em projetos menores, eu tinha de provar meu valor no Meru. Fracassar não era uma opção, e foi assim que perseverei, com o apelo da meta resplandecente do Kilimanjaro me empurrando para cima das encostas da montanha menor.

O último trecho de nossa escalada ocorreu na mais profunda escuridão. Mal conseguíamos enxergar nossos pés e o terreno era acidentado e imprevisível. Eu subia com dificuldade e tropeçava, mas estava ferrenhamente concentrada em meus passos. Aos poucos, conforme nos aproximávamos do pico do Meru, minha frágil crença de que teríamos sucesso ganhou força. À medida que a primeira luz despontava sobre o prado, dávamos nossos últimos passos arrastados. Estávamos cansados, mas extasiados. Havíamos alcançado o topo do Monte Meru – paralisados sobre sua superfície, envoltos por uma beleza natural e exultantes com esta primeira vitória. No pico havia um silêncio sepulcral, afora o tênue assobio do vento e nossa respiração profunda e cansada.

Por um momento consegui esquecer que escalar o Meru representava menos da metade do verdadeiro trabalho a realizar, porque lá, a minha frente, de pico para pico, estava a vista do Kilimanjaro sob a aura do amanhecer. Não conseguia fazer mais nada além de admirar silenciosamente aquele pico a partir de minha posição privilegiada no Meru. O Kilimanjaro me deixou absorta; parecia uma montanha flutuando entre as nuvens. Eu nunca havia visto um cenário tão lindo. O senso de destino que senti quando vi o Kili originalmente se intensificou naquele momento. Soube então que realizaria meu sonho.

"Chamam isso de Aura Rosada."

A voz do guia soava estranhamente distorcida. Ele parecia bêbado. Voltei minha atenção para ele abandonando a magnífica vista do alvorecer sobre o pico nevado do Kilimanjaro. O guia, Michael, fitou-me com um sorriso amarelo. Suas pernas pareciam tremer e ele agarrou meu braço para não perder o equilíbrio. Desculpe-me, ele murmurou. "Preciso me sentar um pouco."

"Tudo bem com você?" De repente, nossos papéis se inverteram. Michael me conduziu protetoramente até o topo desta primeira montanha, mas agora eu me via ajoelhada sobre sua figura caída ao lado de uma projeção de rocha. Suas mãos estavam geladas e azuis. Procurei suas luvas nos bolsos mas não encontrei, então tirei as minhas e tentei enfiá-las nas mãos dele. Embora estivesse com os olhos fechados, ele tentou desajeitadamente me ajudar a colocá-las. Revirei minha mochila e peguei algumas peças extras de roupa que podia vestir nele e deixá-lo mais aquecido. Ele perdia e recobrava os sentidos.

Entendi o que estava acontecendo. Haviam me alertado sobre a doença aguda da altitude (AMS). Não importava que Michael escalasse o Monte Meru ao menos uma vez por semana durante a temporada; a AMS podia acometer até mesmo os alpinistas mais experientes súbita e aleatoriamente. Precisávamos levá-lo para baixo o mais rápido possível, ou ele morreria, e tínhamos de sair imediatamente.

"Michael! Você não pode dormir agora!"

Um dos outros guias nos viu e veio ajudar a por Michael de pé. Admirei uma última vez a Aura Rosada irradiando do distante Kilimanjaro antes de iniciarmos nossa rápida descida do Monte Meru.

O ritmo foi tão acelerado que praticamente nos atiramos montanha abaixo. Nessa hora, um único pensamento me atormentava por dentro: se um guia experiente como Michael podia sucumbir à AMS tão rápida e facilmente, o que estaria à espera de uma novata como eu?

Lição de liderança nº 3: gestão de projeto

Quantas vezes você já esteve frente a uma transação ou uma meta que parecia avassaladora? O segredo para uma gestão de projeto bem-sucedida é algo que todo mundo já sabe, mas vive esquecendo. É preciso dividir projetos grandes em etapas menores. O cérebro, cientistas descobriram, lida com tarefas complexas e lembranças por meio de uma técnica conhecida como "chunking". Quando temos um projeto grande pela frente, dividi-lo em partes menores praticáveis é o caminho certo para o sucesso.

Você recebe um novo projeto e um prazo. O projeto parece assombroso e concluí-lo no prazo parece impossível. Você se sente sufocado e procura um colega para reclamar sobre a irracionalidade da pessoa que lhe passou esta tarefa, dizendo que não tem a menor condição de cumprir este prazo. Enquanto isso, você está perdendo tempo.

Comece um projeto analisando sua extensão e profundidade. Em seguida, divida-o em etapas menores praticáveis. É dessa maneira que você consegue terminar seu projeto no prazo sem ter que recorrer à compressão do cronograma no final.

Os escritores conhecem bem esta técnica e se manifestaram amplamente sobre ela. Mark Twain, autor norte-americano, disse sabiamente: "O segredo de avançar é dar início. O segredo de dar início é dividir suas tarefas complexas e sufocantes em tarefas menores gerenciáveis, e então iniciar a primeira delas". O autor John Steinbeck chegou ao âmago da questão e escreveu sobre o que sente quando tem uma tarefa assombrosamente grande. "Quando me deparo com a desoladora impossibilidade de escrever 500 páginas, uma sensação de fracasso toma conta de mim e tenho certeza de que nunca conseguirei fazer isso", disse Steinbeck. "Então, gradualmente, escrevo uma página e depois outra. Um dia de trabalho é tudo o que me permito contemplar."

Todos os projetos grandes começam com pequenas etapas, e a maneira de começar esses projetos é definindo todas essas pequenas etapas. O poder da mente diminuirá a sensação de tensão e angústia à medida que reconhecemos que cada uma dessas etapas é gerenciável em si. Nosso modo de pensar muda conforme nos concentramos em concluir cada uma das etapas menores e praticáveis.

Quando montamos uma peça do quebra-cabeça do projeto, podemos passar para a próxima. O estresse se dissipa e o projeto não parece mais tão avassalador quanto antes. Perdi a conta de quantas vezes me senti pressionada ao limite. Poderia oferecer milhares de exemplos desde a faculdade de Direito até momentos de minha carreira em que enfrentei desafios enormes e tive de dividi-los repetidamente em etapas gerenciáveis. Um dos desafios mais memoráveis ocorreu em 1989, quando ingressei no Citibank em Nova York. O banco estava passando por sérias dificuldades na época e o preço da ação acabaria caindo para US$8. Muitos de meus colegas achavam que o banco iria quebrar e decidiram realizar suas opções de ações enquanto ainda podiam lucrar alguma coisa.

Como advogada tributarista sênior para a Europa, minha contribuição para recuperar a empresa era reduzir a draconiana carga tributária do Citicorp em mais de US$ 200 milhões. Obviamente, este era um número gigantesco, e não ficou de forma alguma claro de imediato para mim como eu conseguiria reduzir a carga tributária neste montante. A tarefa precisava ser realizada conscienciosamente, dentro dos limites das leis e regulamentações de diferentes jurisdições e sem prejudicar a reputação da empresa. Eu precisava lidar com esta meta em cada transação, com o suporte de minhas equipes por toda Europa.

Uma das principais transações que deveriam ser estruturadas com muito cuidado era a venda do MesseTurm, um prédio de escritórios em Frankfurt. A pressão para finalizar a transação, se possível, de uma maneira tributariamente vantajosa era enorme, mas cada um de nós da equipe principal de cinco pessoas fez sua parte. Supomos que estaríamos desempregados ao final do ano se não concluíssemos a transação com sucesso, mas esta não foi nossa principal preocupação. Em vez disso, fizemos o melhor possível, um dia por vez, um aspecto desse tipo de transação, até que conseguimos ter todos os documentos prontos um pouco antes do Natal de 1990. O resultado líquido da transação, conforme se constatou, constituiu mais de 25% do lucro global do Citicorp naquele ano. Até hoje, quando vou a Frankfurt e vejo o MesseTurm, sinto orgulho.

O presidente Theodore Roosevelt certa vez disse: "Sonho com homens [e mulheres] que dão o próximo passo em vez de se preocuparem com os milhares de passos seguintes". No entanto, apenas o movimento não é suficiente. Como diz um antigo provérbio chinês: "É melhor dar muitos passos pequenos na direção certa do que dar um salto enorme e cair para trás".

Na qualidade de executivo, gerente e líder, você deve não só tornar a divisão de um projeto um hábito, como também prestar atenção nos funcionários que pensam da mesma forma; funcionários que, em vez de se sentirem pressionados por um projeto, decidem abordá-lo com entusiasmo. Eles serão os mais bem-sucedidos – e, consequentemente, o tornarão bem-sucedido.

Em minha experiência, não existem atalhos para o sucesso, não existem elevadores expressos. Chegar ao topo requer um passo por vez, um nível após o outro, uma transação reforçando a próxima. Quando um sucesso, talvez na forma de uma promoção importante, parece repentino, quando um avanço importante acontece, geralmente está fundamentado na disciplina de realizar uma etapa por vez.

Portanto sempre que estiver frente a um projeto que parece avassaladoramente grande, faça a seguinte pergunta para si próprio: "Eu consigo dividir este projeto em partes menores mais gerenciáveis?". É esta pergunta que torna praticável um projeto grande e quase impossível. Ela dissipa seu medo e estresse à medida que você avança na conclusão de cada etapa. Ela conduzirá você para suas melhores estratégias de gerenciamento de tempo e estresse.

> **DIVIDA SUA JORNADA EM ETAPAS**
>
> Sua melhor oportunidade de atingir com sucesso a meta que definiu para si é estudá-la a fundo e em seguida dividi-la meticulosamente em etapas menores, praticáveis. Isso não só promove o progresso, como também reduz o estresse e lhe proporciona inúmeras sensações de realização ao longo do caminho. E todos precisamos do máximo de encorajamento que conseguirmos amealhar. Uma observação aparte, contrate ou treine funcionários capazes de dominar esta técnica, também. Dessa forma, em vez se sentirem pressionados, eles se sentirão otimistas e entusiasmados conforme assinalam cada pequena realização na lista. Esses funcionários são aqueles com maior probabilidade de sucesso, o que consequentemente resultará em seu sucesso e de toda sua equipe.

▶ *Uma conversa com* ◀

Dr. Joachim Faber

O Dr. Joachim Faber transformou a Allianz Global Investors (AGI) em uma das maiores empresas de gestão de ativos do mundo, administrando mais de US$ 1,5 trilhão. Como CEO, ele levou a empresa ao patamar onde se encontra hoje a partir de um começo modesto. Ele conseguiu isso por meio de diversas aquisições que incluíram a Pimco, Nicholas Applegate e a RCM.

Joachim e eu fomos colegas no Citibank, onde ele era diretor de Mercados de Capital para a Europa, América do Norte e Japão. Dada sua experiência profissional, eu sabia que ele seria a pessoa perfeita para discutir esta lição de liderança – dividir a jornada ou metas de porte em uma série de etapas gerenciáveis.

Em nossa conversa, ele comparou sua carreira como um todo a outros projetos importantes. "Minha experiência é que minha carreira tem sido, falando honestamente, uma maravilhosa série de circunstâncias de muita sorte nas quais fui esperto o suficiente para decidir de maneira rápida e determinada aproveitar oportunidades conforme surgiram. Ao longo da vida profissional, eu provavelmente também me aperfeiçoei em criar essas oportunidades, em vez de simplesmente esperar por elas." As oportunidades das quais falou – tanto as que surgiram como as criadas – foram projetos imensos, ele contou.

É onde "dividir a jornada em etapas" funciona melhor. Metas e projetos grandes requerem "pensar intensivamente sobre planejamento e processos. Isso não é nada mais do que dividir determinadas metas e tarefas em etapas praticáveis e mensuráveis". Nas oito principais aquisições conduzidas por Joachim, "todas seguiram o mesmo caminho, o mesmo processo".

A disciplina desempenhava um papel importante em concluir uma transação com sucesso. Joachim me contou que nunca se sentiu pressionado por uma tarefa: "Em primeiro lugar, eu diria que se você se sente pressionado por um projeto, não o assuma. Provavelmente você é a pessoa errada para ele, porém, raramente vi uma meta que não fosse gerenciável. Não posso dizer que alguma vez recusei um projeto grande baseado no fato de que não o considerava gerenciável".

"Mas se você assumiu um projeto, então é extremamente importante ser disciplinado, ter um planejamento minucioso. Trabalhar longas horas e ter reuniões longas com pessoas que conhecem o assunto e podem proporcionar informações imediatamente. No início de um projeto, é muito importante desenvolver um planejamento extremamente preciso e detalhado do processo, que em seguida deve ser executado e gerenciado com enorme disciplina."

A habilidade imediata de ver metas gigantescas como realizáveis é uma característica que Joachim exemplifica. Além de um planejamento preciso e detalhado e da disciplina para assumir um projeto grande e transformá-lo em realidade, ele acredita fortemente que você deve engajar sua equipe nisso. Esta abordagem é altamente eficiente e deve permear por toda a organização. Durante os processos de aquisição de empresas alemãs, por exemplo, era preciso tratar das questões relativas a recursos humanos com sensibilidade, justiça e disciplina.

"Em um desses casos, demitimos cerca de 600 pessoas, e no outro, cerca de 400. Por sorte, tenho um chefe de recursos humanos muito bom, então eu disse: 'Não tenha pressa. Você vai sentar e conversar com cada uma dessas pessoas. Vai encontrar uma boa solução para cada uma delas. E se isso levar seis meses, não tem problema. Se levar nove meses, não tem problema. Se levar doze meses, também não tem problema.'"

Desdobrar esta questão de recursos humanos até o nível individual mostrou-se extremamente importante e bem-sucedido de várias formas. Conforme Joaquim contou, "Bem-sucedido porque conseguimos proporcionar uma solução muito mais justa para cada situação individual de recursos humanos. Segundo, também obtivemos um resultado financeiro muito melhor para a empresa".

Joachim sempre se sentiu estimulado a abordar o que lhe era proposto como "uma série de tarefas e executá-las com muito entusiasmo, muita disposição e muita coragem". Ele riu afavelmente sobre esse último comentário, pensando em voz alta se talvez não agiu com "coragem demais". No entanto, "no final das contas, grande parte deu certo".

De fato deu. O talento de Joachim Farber em reconhecer oportunidades – grandes oportunidades – e então desdobrar e realizá-las por meio de etapas concisas e disciplinadas é um dos principais pilares de seu sucesso.

4

Expectativas
e
Realidade

28 de outubro de 1997

Apenas um dia de descanso. Isso foi tudo. Era difícil de entender, mas depois de descer o Monte Meru tínhamos apenas um dia de intervalo antes de darmos início ao objetivo maior para o qual viajamos até lá: o desafio de chegar ao pico do colossal Kilimanjaro.

Chamar isso de um dia de descanso era um engano. Era mais como um dia de apreensão. Depois de ver Michael, meu guia experiente, quase morrer da doença da altitude no topo do Monte Meru um dia antes, eu naturalmente me perguntei como nós novatos nos sairíamos.

As perspectivas eram tudo, menos animadoras, no dia seguinte quando partimos cedo por aquela floresta tropical anormalmente úmida, na base do Kilimanjaro. Teria sido um cenário lindo sob quaisquer outras circunstâncias. No momento, a chuva torrencial que nos atingia diminuía consideravelmente nosso prazer. Nossas botas se transformaram em reservatórios de água.

Meu cabelo caía sobre meus olhos em feixes gotejantes, e eu escorregava e deslizava tanto na lama que tive de diminuir pela metade meu ritmo usual de caminhada. Comecei a me repreender pela falta de preparo, o que acabou se transformando num pensamento recorrente. Deveria ter pesquisado mais sobre as condições climáticas? Deveria ter confiado menos na agência organizadora da viagem? Agora era tarde demais, e estávamos sofrendo as consequências. Alguns membros de nosso grupo estavam bem preparados, com lanternas apropriadas e embalagens herméticas à prova d'água para suas roupas. Hans e eu não havíamos nem sequer pensado em uma capa plástica para nossas mochilas.

Quando chegamos ao acampamento naquela primeira noite no Kilimanjaro, observei impotente como os carregadores largaram nossos pertences ensopados numa passagem que mais parecia um riacho. Tudo estava encharcado. Minhas expectativas do que seria nossa primeira noite nesta montanha estavam num estado igualmente deplorável.

Era muito tarde para nos punirmos por nossas ações passadas. Não podíamos esperar que o líder inglês de nossa expedição (vou chamá-lo de Alistair para proteger o culpado) viesse tirar do sufoco dois desavisados que não haviam se preparado adequadamente para condições climáticas tão inclementes. (No espaço de um único dia, rebaixei minha imagem de vice-presidente sênior para idiota.) De qualquer maneira, eu também estava começando a questionar a atitude deste líder da expedição em particular. Ele com certeza tinha um currículo respeitável em montanhismo, com créditos acumulados em diversos picos imponentes conquistados. Esta, no entanto, seria sua primeira expedição ao Kilimanjaro. Sabendo disso, eu o observei de perto, e comecei a notar pequenos detalhes que me alarmaram. Ele parecia mais preocupado com seus interesses pessoais do que com os do grupo. Tudo bem que ele tivesse estabelecido para si a meta de conquistar o pico a qualquer custo (acrescentando mais um ponto – desfiladeiro – em sua montanha de créditos.), mas e quanto a nós?

EXPECTATIVAS E REALIDADE

O guia montou sua própria barraca com uma facilidade invejável, mesmo sob a chuva e as terríveis condições. Em seguida, deslizou para dentro dela. Um líder de verdade, isso eu sabia com base em minha experiência nos negócios e na vida, garantiria que sua equipe e o resto do grupo estivessem seguros e salvos dentro de suas barracas antes de se enfiar na sua própria. Isso confirmou o que eu pensava sobre ele: ali estava um indivíduo que queria chegar ao topo a qualquer custo, independentemente do que aconteceria com resto de nós. Desde o princípio até o fim do dia, esta expedição não começou como eu sonhava.

A chuva não deu trégua nos dias seguintes. Na verdade, piorou, e a escalada se tornou cada vez mais traumática. Embora eu tivesse treinado o máximo que pude com antecedência e me preparado no Monte Meru, não estava acostumada com este nível de exigência física contínua. Mesmo com o apoio dos carregadores e dos guias, que levavam a maior parte dos equipamentos e das bagagens, suportar minha própria carga estava se tornando extenuante para mim. Minha mochila parecia cada vez mais pesada, e a chuva incessante exacerbava cada mínima irritação, tanto, que comecei a sentir uma animosidade crescente dentro de mim. Eu estava mais do que meramente frustrada; estava profundamente infeliz.

Até aquele momento, vínhamos alternando entre caminhar penosamente e saltar sobre torrentes de água, arrastar os pés pela lama pegajosa, rastejar sob o peso de nossas mochilas pesadas e suportar uma visibilidade limitada que escondia a parte mais cênica da montanha – a trilha – de nossa visão. Vista magnífica? A minha eram as costas do alpinista na minha frente conforme cambaleávamos entre as nuvens, a neblina e a chuva. Quando não estávamos nos arrastando lentamente para cima ou deslizando para trás com a lama, estávamos tropeçando nos pedregulhos das planícies ou lutando para avançar nas escarpas quebradiças da rocha. Nem para maratonistas experientes teria sido mais fácil este constante escorregar e deslizar. Eram necessárias muita concentração e agilidade, e eu sabia que era apenas uma questão de tempo para alguém se machucar.

Para meu horror este alguém foi Hans. No segundo dia, ele escorregou e caiu sobre pedregulhos. Ao tentar impedir a queda, ele bateu seu dedo anular no chão. Suas lindas mãos masculinas, que eu adoro, agora pareciam grotescas, com o dedo anular da mão esquerda deslocado apontando para trás.

Vi a cor sumir do rosto de Hans. Não era um ferimento fatal, é claro (e de qualquer forma, Hans nunca permitiria que um machucado como este o atrapalhasse), mas o médico que nos acompanhava ficou furioso. Ele agiu com uma evidente falta de compaixão e fez o mínimo necessário para tratar o ferimento. Mais uma vez, comecei a questionar a liderança desta expedição. Pela primeira vez, eu realmente duvidei se seria seguro continuar sob estas condições. Alistair, o "não-líder da expedição", como Hans o chamava, já tinha fugido para sua barraca. Ele não parecia nutrir essa preocupação, e eu procurei suprimir minhas dúvidas por hora ao menos.

Minha preocupação foi nas alturas no final do terceiro dia exaustivo de escalada. A 4.200 metros de altitude, chegamos ao penhasco Barranco Wall. Tecnicamente, os guias da montanha nos disseram que esta seria a parte mais difícil da escalada. Era praticamente uma muralha de granito puro, de tão íngreme. Será que Hans conseguiria escalar? Será que sua mão machucada conseguiria aguentar seu peso? Alistair parecia não questionar as condições assim como ignorar nossa situação.

Fui procurar um dos guias tanzanianos, um homem chamado Tobias, para pedir um conselho. Ele havia me impressionado com sua calma perseverante ao longo dos últimos três dias. Perguntei o que ele achava sobre as condições da escalada do dia seguinte.

"Terríveis", ele disse francamente sem qualquer hesitação. "Muito, muito perigosas."

"Então por que vamos escalar?" perguntei.

Ele balançou a cabeça e confirmou minhas suspeitas. "Eu já havia sugerido a Alistair que devíamos voltar, mas este inglês é teimoso. Ele não me dá ouvidos", disse Tobias encolhendo os ombros. "A empresa o colocou no comando e nos paga para seguirmos suas ordens. O que posso fazer?"

Fiquei por um bom tempo observando com dificuldade o Barranco Wall, praticamente ocultado pela chuva e a neblina que o envolvia. A empresa esperava que no dia seguinte eu e Hans escalássemos aquele penhasco – embora um guia local altamente experiente considerasse muito arriscado continuar a jornada. O homem que nos conduzia, o responsável por nossa segurança na montanha, ignorou o conselho do guia experiente que, ao contrário dele, já havia feito esta escalada nas mais diversas condições climáticas.

A fala anterior de Tobias ecoava em minha mente: "O que posso fazer?". Só que em vez de ficar remoendo isso em desespero, eu buscava uma resposta. Eu havia sido uma líder ao longo de minha infância e de minha ascensão no ranking corporativo. Instintivamente, eu sabia o que fazer. Mas será que conseguiria?

LIÇÃO DE LIDERANÇA Nº 4: ATRAÇÃO DA PREPARAÇÃO

Quando eu era estudante na minha Transilvânia natal, dava muito duro. Eu era uma aluna nota 10, não porque tivesse nascido um gênio. Pelo contrário, passava muitas horas fazendo as lições e estudando para as aulas do dia seguinte. Eu ia para a escola de manhã e de tarde normalmente ajudava minha mãe no vinhedo. A noite era reservada para as lições de casa. Se não conseguia terminar antes da hora de dormir, pedia a minha mãe que me acordasse às cinco da manhã para terminá-las. A possibilidade de ir para a aula despreparada nunca passou pela minha cabeça. Eu fazia o que fosse preciso para terminar o que devia ser feito.

Se você quer estar na liderança de qualquer coisa, deve se preparar e praticar, dedicar horas. Não existe substituto para o trabalho duro. Somente no dicionário *realização* e *sucesso* vêm antes de *trabalho*. O sucesso da noite para o dia apenas parece ser assim. Por trás de cada sucesso brilhante existe uma grande parte de planejamento e preparação.

Confúcio expressou isso bem: "O sucesso depende de preparação prévia, e sem essa preparação, certamente há fracasso". O Dr. Robert Schuller, um dos mais famosos pregadores norte-americanos, acrescenta um toque moderno a esta visão: "Uma realização excepcional é sempre precedida de uma preparação convencional". Margaret Thatcher, afetuosamente chamada de "Lady T" pelas pessoas próximas a ela, era uma líder que tornou a preparação uma ciência. Há algum tempo, tive o privilégio de ser uma das anfitriãs de um almoço reservado no qual Lady T era a convidada de honra. Como é de costume, durante a preparação para o evento, apresentamos a sua assessoria a biografia dos convidados. Durante o almoço, asseguramos que todos tivessem a oportunidade de sentar ao lado dela, e quando chegou minha vez, estava ansiosa para lhe perguntar quais fatores contribuíram para seu sucesso. A sra. Thatcher me deu três respostas. "Meus pais me ensinaram a importância do trabalho duro," ela disse, fazendo em seguida uma pausa para um momento de reflexão. "Segundo, integridade. As pessoas podem não gostar de suas convicções, mas elas têm o direito de saber em que você acredita." Por fim, ela colocou sua mão sobre meu braço e me olhou diretamente nos olhos. "Assim como você, eu também sou advogada tributarista de formação, e sempre busco obter informações."

Eu fiquei sem palavras. Ali estava Margaret Thatcher, no início de seus 80 anos, e ela conhecia minha história. Ela havia trabalhado duro. Ela estava preparada.

Prepare-se Impiedosamente

Não é suficiente apenas se preparar para o óbvio. Preparação significa avaliar a situação que se apresenta no todo e, mais importante, as pessoas que estão ao seu redor. Significa planejar para contingências e examinar os detalhes da maneira mais objetiva possível, sem nunca perder de vista o global.

Obviamente, existe um limite para o quanto é possível se preparar. Você pode se preparar para o melhor, pode se preparar para o pior. Você não pode se preparar para o imprevisível, mas pode planejar para a possibilidade de que o imprevisível aconteça – assim, terá tempo durante um acontecimento de lidar com o desconhecido.

No entanto, você não pode se preparar para tudo. Procure estar rodeado de pessoas que complementam suas fraquezas, e então tenha a confiança de delegar aos outros aquilo em que você não é o melhor. (Examinaremos este aspecto mais adiante nos capítulos sobre dinâmicas de grupo.)

Às vezes, embora tenha trabalhado duro, talvez você não receba a recompensa que esperava ou merecia. Você deve conhecer seus pontos fortes e fracos, e então trabalhar duro naquilo em que é forte. Além disso, tente identificar falhas de conhecimento que precisa sanar. No meu caso, eu tinha um sólido treinamento na área jurídica, mas, quando trabalhei no Citibank em Londres, percebi que precisava aprimorar meus conhecimentos no lado comercial. Embora eu trabalhasse em período integral, inscrevi-me no curso de finanças corporativas da London Business School, curso que me foi muito vantajoso quando fiz a transição do âmbito jurídico para a linha de frente de banco de investimentos.

Como disse William Osler certa vez: "A melhor preparação para amanhã é fazer o trabalho de hoje magnificamente bem". Nossa escalada do Kilimanjaro ilustrou isso maravilhosamente. Qualquer um pode (e deve) se preparar para eventos importantes. Um casamento, uma viagem ou a escalada de uma montanha – todas essas ocasiões merecem muito planejamento. Devemos fazer de tudo para cobrir todas as contingências. E se chover? E se alguém se machucar ou morrer? O que vamos comer? Onde poderemos usar banheiros? Essas coisas são importantes.

Advogados geralmente são excelentes com suposições. Na faculdade de Direito, aprendemos a analisar um problema de todos os lados. Isso porque nós (ou, na verdade, nosso cliente) pode estar em qualquer dos lados de um problema. Um planejamento de contingências é uma linha-chave de pensamento para advogados. Deveria ser também uma linha-chave de estratégia para executivos que estão preparando seu caminho para o topo. Como você deve lidar com um chefe perigoso? E se a economia desacelerar? E se o equipamento não funcionar em sua apresentação amanhã? Em outras palavras, nunca subestime a importância de um plano de segurança.

No entanto, também é importante ser flexível. Embora eu recomende fortemente um planejamento para todos os cenários possíveis, também é importante permanecer flexível. Se você planejou para um cenário, e seu plano não está funcionando da maneira que imaginou, então esteja aberto para mudar de curso. Não beneficia a ninguém permanecer preso num curso de ação que levará ao fracasso certo.

Tendo a ideia de mudar de curso em mente, é importante aprender a improvisar. É impossível planejar detalhadamente para todos os cenários. Às vezes a vida vai lhe pregar peças e você terá de improvisar. Faça o melhor possível – isto é, espere pelo melhor mas planeje para o pior. Então você pode seguir em frente com confiança, como disse Arthur Ashe sobre autoconfiança: É "uma chave importante para o sucesso. E uma chave importante para a autoconfiança é a preparação".

▶ *Uma conversa com* ◀
Baronesa Scotland de Ashtal

Ninguém exemplifica melhor preparação do que Patricia Scotland, também conhecida como Baronesa Scotland de Asthal. Sua ascensão ao topo a partir de um começo humilde numa ilha caribenha foi uma realização significativa, que afetou a vida de milhões de pessoas. Ela foi a primeira procuradora-geral negra do Reino Unido e a única mulher a ocupar este cargo desde que foi criado em 1315.

Conheci Patricia por causa de nosso interesse mútuo pela reintegração de jovens, particularmente pelo programa Prince's Trust. A imagem que tinha dela como alguém sempre preparado e que coloca os outros em primeiro lugar mostrou-se acurada nove dias depois de sua indicação para procuradora-geral. Meses antes de sua indicação, ela concordou em falar num comitê sobre fé e política que eu presidi em Londres na Casa dos Comuns (no Parlamento inglês, semelhante à Câmara dos Deputados). Naquele dia, fiquei imaginando se ela viria, já que havia assumido seu posto há pouco tempo. Não deveria ter me preocupado. Embora ela tivesse dormido apenas 27,5 horas (a meia hora era importante) em 9 dias, veio preparada e pronta para contribuir com seu tempo e energia!

Sendo a décima de 12 filhos, as aspirações de Patrícia de ajudar as pessoas, ela me contou, começaram cedo. Ela decidiu quando criança que a melhor maneira de fazer isso seria como advogada. "Eu realmente achava que sendo advogada, havia uma oportunidade de ajudar outras pessoas."

Patricia fez exatamente isso. Como membro da Casa dos Lordes e em determinado momento subsecretária de Estado no Reino Unido, esta advogada foi responsável por um trabalho intenso envolvendo a redução da violência doméstica. Ela criou o que é chamado agora de Lei de Crimes de Violência Doméstica e Suas Vítimas, que tornou possível o reconhecimento do homicídio familiar como crime no Reino Unido. Os advogados criminalistas têm usado esta lei para condenar assassinos que antes da promulgação desta lei teriam escapado da condenação. Em 2009, a violência doméstica no Reino Unido caiu 64% e a taxa de homicídio doméstico foi a menor em 10 anos.

"Achei que realmente gostaria de ser advogada, mas não havia muitas advogadas naquela época, e menos ainda mulheres negras advogadas", ela disse. Muitos a desencorajaram ao longo da jornada para atingir sua meta. Patrícia era adolescente quando sua família se mudou para Londres. "Mas na escola e em outros lugares, eles eram bastante desencorajadores sobre isso, mesmo assim recebi meu diploma de advogada aos 20 anos, me qualifiquei como advogada de instâncias superiores aos 21, e comecei a advogar." Por volta de 1999, relativamente pouco tempo depois, a Baronesa Scotland foi nomeada Subsecretária de Estado, ficando responsável pelas relações diplomáticas do Reino Unido com toda a América do Norte e o Caribe, além de ser responsável pelo andamento das atividades parlamentares da Casa dos Lordes. Como um jovem membro do Parlamento, ela criou o Pro Bono Lawyers Panel, um grupo de advogados ingleses que trabalhava voluntariamente para ajudar cidadãos do Reino Unido presos em países estrangeiros.

Em 2003, o primeiro ministro Tony Blair considerou indicá-la para líder da Casa dos Lordes. E no ano seguinte, ela se candidatou ao cargo de comissária da União Europeia.

É uma mulher que sabe como administrar cuidadosamente suas metas e suas oportunidades de carreira. Ela me contou que, para se preparar para uma carreira que muitos ao seu redor consideravam inatingível, foi forçada a adotar uma mentalidade de preparação e análise.

É importante "Ter plena certeza de como você enxerga o sucesso em termos de resultado, e então preparar-se para o trabalho necessário, fazer a análise necessária e criar as condições para obter o que realmente quer. Isso requer muito comprometimento". Análise e comprometimento são duas das principais qualidades que definem Patrícia. Foi assim que ela chegou onde está hoje.

No início de sua carreira, Patrícia decidiu tratar cada caso "como se fosse o único de toda sua vida profissional". Essa forma de pensar significou uma preparação intensa dia e noite. Ela sabia que somente um histórico de excelência como advogada seria o treinamento apropriado para sua verdadeira meta: chegar a um lugar em sua carreira em que ela seria capaz de ajudar o maior número de pessoas. "Para mim, o mais importante era o que eu queria alcançar – não minha posição pessoal. Acho que se eu tivesse pensado que queria me tornar a mais jovem *Silk* [Advogado da Rainha, isto é, um advogado indicado pela Coroa] ou que queria ir para a Casa dos Lordes, não teria chegado lá. O que fiz foi pensar sobre resultados."

EXPECTATIVAS E REALIDADE

Tratar cada caso jurídico como se fosse o único em que ela trabalharia em sua vida profissional lhe permitiu se preparar da melhor maneira possível, ela disse. "Não era apenas preparar o caso adequadamente, mas também procurar entendê-lo sob o ponto de vista de meu cliente. Eu lhes dizia: 'Preciso ver com seus olhos, ouvir com seus ouvidos e falar com sua boca para entender o que aconteceu com você. Assim, quando estiver representado você, terei pleno conhecimento e entendimento.'" Esta preparação intensa para cada caso a ajudou a assegurar o resultado que desejava.

Para Patrícia, concentrar-se nos resultados incluía o conselho de seu pai de deixar o mundo um lugar melhor do que ela encontrou e de nunca temer ser um agente de mudança. Concentrar-se nos resultados significava seguir seus sonhos. Havia obstáculos no caminho de Patrícia, uma advogada negra numa profissão dominada por profissionais brancos do sexo masculino. Como disse anteriormente, ela é a única mulher no Reino Unido a ocupar o cargo de procurador-geral, desde que foi criado na Inglaterra por volta de 1300!

No entanto, mais do que tudo – mais do que o foco, o trabalho incansável, do que ignorar aqueles que censuraram sua meta, Patrícia diz que a preparação intensa foi a chave para seu sucesso. Ela acredita, assim como eu, que é um ingrediente primordial para todos os executivos que buscam posições importantes de liderança.

"Você precisa saber responder para si mesmo: Onde estou agora? Para onde quero ir? E para chegar lá, precisa realmente fazer a análise – a avaliação do que necessita para alcançar o sucesso. Tudo isso é preparação. Então, deve considerar os imprevistos. E se você tem um pleno entendimento de cada detalhe de seu objetivo, então pode lidar mais facilmente com o inesperado. Porque tem opções."

O início da carreira de Patrícia é um exemplo excelente disso. Ela me disse: "Desde os 20 anos de idade, estive envolvida na vara da família. E a mim parecia possível mudar a situação da violência doméstica e sua incidência, algo que muitas pessoas afirmavam ser impossível". Muitas pessoas lhe disserem que ela não conseguiria, que a violência doméstica era como a pobreza – sempre existiria. "Eu sabia que isso não era verdade com base no trabalho que já havia feito. Sabia também que se você se preparasse adequadamente e conseguisse identificar o fenômeno logo e eliminá-lo, poderia reduzir o nível de violência doméstica. Então, quando fui nomeada presidente do grupo interministerial (um comitê de ministros de todas as pastas do governo incumbido de coordenar e implementar políticas), a primeira coisa que fiz foi pedir uma avaliação econômica do custo da violência doméstica." E Patrícia foi fundamental na apresentação de projetos de lei e na implementação de mudanças que de fato reduziram a violência doméstica consideravelmente. Seu método? Avaliação dos fatos e preparação impiedosa.

Por fim. É importante ser capaz de engajar aqueles a sua volta em sua jornada para o sucesso. Patrícia exorta executivos a se fazerem perguntas importantes, tais como "Do que preciso para dar condições a esta equipe de me ajudar no que desejo fazer? Quais obstáculos tornam difícil os membros da equipe me ajudarem? O que temos em comum? Patrícia foi educada por pai católico e mãe metodista, que a ensinaram a focar no que une as pessoas, não no que as separa. "Que sugestões posso dar e o que posso fazer para vencer alguns desses obstáculos? Ou posso ajudar essas pessoas a verem que na verdade os obstáculos não são o que eles pensam?", ela disse. "Isso tudo é preparação e análise."

5

VOLTANDO

1º de novembro de 1997

A CONFIRMAÇÃO DE NOSSO GUIA TANZANIANO, Tobias, mostrou que eu estava certa – as condições eram realmente muito perigosas para continuarmos. Agora eu vivia a angústia da indecisão. Eu ainda queria realizar meu sonho e chegar ao pico, mas Hans já estava machucado e qualquer um de nós poderia ser o próximo. Eu não queria que qualquer outro machucado – ou pior – fosse o resultado de minha ambição desmedida. Não seria minha responsabilidade compartilhar com os outros do grupo o que sabia sobre o perigo que iríamos enfrentar?

Eu também estava indignada. Alistair parecia focado em sua ambição de chegar ao pico para poder acrescentar mais um item a seu currículo de montanhismo. Talvez um alpinista experiente como ele tenha enfrentado situações difíceis como esta, ou piores, mas o restante de nós era amador – essencialmente turistas entusiasmados. Ele estava nos colocando em sério risco. Como podia ser tão egocêntrico e negligente? Certamente, todos nós havíamos nos candidatado a esta aventura, mas isso não significava que estávamos lá para conquistar o pico a qualquer custo.

Ao menos havia parado de chover. No entanto, nossas mochilas jaziam tristemente em poças de água, e as coisas para mim e Hans não melhoraram muito. A despeito de seu dedo machucado, ele montou nossa barraca e inflou os colchões. Surpreendentemente, encontramos algumas roupas secas naquelas mochilas encharcadas, e eu me desvencilhei delas com um profundo sentimento de gratidão e alívio. Havia apenas dois conjuntos de roupas secas: um para Hans e um para mim.

Uma vez vestidos e prontos para o dia, era importante que Hans soubesse tudo sobre as condições de nossa escalada. Contei a ele e falei também sobre minha indecisão quanto a abandonar a escalada cedo demais. Para meu alívio, Hans concordou imediatamente que deveríamos voltar e então decidimos contar aos outros. "É melhor acabarmos logo com isso e contar para o resto do grupo já", ele acrescentou. "Alguns deles vão ficar felizes de ter alguém que tome a iniciativa e diga que chegamos ao limite. Vão querer voltar conosco."

Que pensamento reconfortante. E era realmente verdade. Fui ao encontro do resto do grupo e contei a eles sobre minha preocupação quanto às condições da escalada e que planejávamos voltar. Vi alívio no rosto de vários dos que escalavam conosco, que disseram que se juntariam a nós. Outros, no entanto, insistiram em continuar. Ao que parecia, eles achavam que seria um sinal de fraqueza admitir a derrota. Naquele momento, cheguei a pensar que talvez eles estivessem certos e que poderíamos ajudar uns aos outros a alcançar o topo, mesmo sob estas condições. Mas talvez não estivessem.

Não sou uma pessoa medrosa. Lá no escritório, meus colegas e funcionários teriam rido de minha ideia de desistir. Ser medrosa aqui – render-me e continuar a escalada até o topo – significaria contrariar meu bom senso. Poderia arriscar nossas vidas!

"É por isso que as pessoas morrem nas montanhas", Hans murmurou enquanto nos aprontávamos para a descida. Ele estava certo. Permanecer na trajetória em que havíamos começado levaria a um resultado insatisfatório. Presenciei isso diversas vezes em minha vida pessoal, no trabalho e agora aqui – pessoas tão obcecadas em alcançar o topo que pegam atalhos e assumem riscos irresponsavelmente. Neste caso, os riscos poderiam ser fatais. E, de fato, todos os anos morrem pessoas no Kilimanjaro.

VOLTANDO

A despeito de minha decisão firme e de meu conforto com ela, continuou sendo doloroso para nós arrumar nossas mochilas naquela manhã enquanto observávamos o resto do grupo preparando-se para escalar o Barranco Wall. Conforme começamos nosso retorno, acompanhados apenas por um guia tanzaniano iniciante, que provavelmente tinha um nome swahili mas que se autodenominava John, senti-me solitária e profundamente pesarosa. O resto do grupo decidiu prosseguir, vários deles expressando a pressão que sentiram em continuar, mas para mim era o fim de um sonho. No entanto, continuei dizendo a mim mesma que um dia voltaria lá.

Nossa descida foi num ritmo alarmantemente acelerado por uma trilha acentuadamente íngreme utilizada para emergências médicas. John nos disse que estaríamos embaixo em seis horas – chocante, considerando que levamos três dias para chegar até aquela altura. Tínhamos um suprimento de água para aquelas seis horas. Eu esperava que ele estivesse certo. Afundamos e patinamos na lama numa velocidade perigosa nos agarrando onde conseguíamos com medo de acabar arrebentados e mortos ao final de uma queda vertiginosa. A despeito da velocidade de nossa descida, ficou evidente perto da hora do almoço que seis horas eram uma subestimativa. Às 7 horas da noite, passadas dez horas de descida, os sorrisos confiantes de John começaram a esmaecer; estava escuro como breu, o caminho continuava escorregadio e não tínhamos mais uma gota de água.

Estávamos exaustos, com fome, sede, e não tenho vergonha de dizer que com medo também. Para piorar as coisas, a lanterna de John começou a falhar e por fim apagou de vez. Agora tínhamos que compartilhar as lanternas que sobraram. Continuamos avançando, afundando e escorregando, com o ocasional rugido apavorante de um leão ao longe. Nem cogitávamos parar. A única maneira de sobrevivermos a esta experiência era continuar – avançar afundando e escorregando.

Eu havia perdido a noção do tempo quando ouvi o que parecia ser a voz de uma mulher chamando os filhos. De repente, aquela miragem – vimos uma pequena guarita em um dos portões de entrada da montanha. Cada músculo do meu corpo relaxou de alívio. Não era o fim da trilha, mas felizmente por enquanto estávamos salvos. Momentos depois, do nada, fomos cercados por pessoas nos observando como se fossemos animais no zoológico. Mas afinal, que outra reação elas poderiam ter? Estávamos num estado deplorável – gelados, encharcados e exaustos física e emocionalmente. Tentei desesperadamente pensar em como se dizia água em swahili.

Felizmente, eu havia visto anúncios da Coca-Cola espalhados por toda a Tanzânia, então tentei isso. "Coca-Cola, por favor," eu disse. A mulher, que havia trazido banquetas para nós, fitou-nos, sorriu resignada, amarrou seu bebê nas costas e começou a se afastar de nós. Eu estava muito zonza para entender o que se passava, mas Hans percebeu de imediato. Ela estava preparada para caminhar muitos quilômetros só para nos trazer um refrigerante! Hans levantou-se de súbito e mostrou-lhe nossos cantis vazios e eu pude perceber a compreensão no rosto da mulher. Ela nos levou até o poço e nós bebemos.

A gentileza daquela tanzaniana me acompanha até hoje. Ela nos convidou para pernoitar, mas com uma urgência incomum em sua voz, Hans disse: "Hotel! Por favor!". Não o censurei por isso. Por volta da meia-noite, os aldeãos encontraram um contador da cidade próxima de Arusha que estava visitando a aldeia e por 100 dólares este homem nos levou de carro até o hotel mais próximo.

Mais tarde, na água quente do chuveiro, extremamente aliviada, mas também com vestígios de desapontamento me incomodando, comecei a entender. Na vida e nos negócios, existem ocasiões em que o fracasso é aceitável. Na verdade, pode ser inclusive um momento de aprendizado e um ponto de partida.

Existe uma história famosa sobre o alpinista Sir Edmund Hillary. A primeira vez que ele fracassou em conquistar o Everest, ele levantou o punho para a montanha e gritou: "Você não vai ficar maior, mas eu ainda estou crescendo".

Dois dias depois, quando saímos do hotel para o aeroporto, olhei mais uma vez para o Kilimanjaro, reluzindo ao longe. Eu continuava apaixonada por sua vista e por meu sonho de chegar ao pico. Eu não ia desistir. Também não iria levantar meu punho para ele no estilo de Hillary. Eu tentaria de novo, sem dúvida. Hans concordou plenamente comigo. Estávamos determinados. A chuva torrencial, a lama, o perigo, o medo, a decisão definitiva de desistir de acordo com nossos próprios termos – isso tudo era apenas um prelúdio para a jornada maior, eu sabia.

Eu acabara de completar 40 anos. Seriam mais 10 anos até eu voltar.

Lição de liderança nº 5: fracasso

O sucesso geralmente é uma questão de enfrentar fracassos e se recuperar. O importante não é jogar a toalha quando batemos contra um muro (ou quando um muro desaba sobre nós como uma avalanche). A primeira lição de liderança, sobre resiliência, ressalta a importância de se recuperar. É preciso ter a força, a disposição e o desejo de se recuperar quando as coisas não acontecem conforme planejado. A outra metade da equação é simplesmente aceitar que o fracasso é uma parte de toda jornada.

Admitir o fracasso é o primeiro passo. Negá-lo e continuar num caminho fadado ao fracasso pode ser fatal para sua carreira. É muito fácil recusar-se teimosamente a admitir que o que estamos fazendo não funciona. Isso é algo que Winston Churchill abordou diretamente ao dizer: "Prefiro estar certo a estar determinado". A maioria dos líderes experientes provavelmente lhe dirá que admitir o fracasso e mudar de curso para um outro mais produtivo é um elemento-chave do sucesso deles.

Remoer seus fracassos e olhar para trás em vez de para frente é outro erro comum que os executivos cometem. Certa manhã durante o café, eu estava me censurando por uma decisão estúpida que havia tomado no trabalho. Meu marido ouviu em silêncio, sem me oferecer conselho nem me condenar. No entanto, quando olhei meu smatphone a caminho do escritório, vi que ele havia me mandado a seguinte mensagem: "Você sabe por que o para-brisa de um carro é tão grande e o espelho retrovisor é tão pequeno? Porque o FUTURO é muito mais importante que o passado". A lição é clara: quando fracassar, não fique preso a isso. Fracasse rápido, aprenda tudo que puder e siga em frente. Isso certamente exige coragem e uma certa sabedoria. É tentador sofrer e guardar mágoa indefinidamente por seu fracasso. Porém isso é masoquismo também.

> ### FRACASSE RÁPIDO E SIGA EM FRENTE
>
> Sempre haverá pessoas ao seu redor – colegas invejosos, empreendedores malandros, líderes ameaçados em decadência – que estarão prontos para usar seu fracasso como um punhal. Seu fracasso é qualquer coisa menos isso. Cada fracasso produz mais aprendizado e proporciona uma referência para um novo começo. O fracasso não só leva ao crescimento pessoal, mas também ao sucesso. Quanto mais fracassa, mais está tentando. Não desista. Dê ao fracasso o papel apropriado em sua mente: um lugar para residir brevemente, para aprender e refletir e depois partir rapidamente.

Após uma carreira de sucesso em bancos de investimento, decidi criar uma empresa de *private equity* focada em investimentos sustentáveis em mercados de fronteira. Embora minha visão para a empresa fosse instigante e nossa proposta de valor oportuna, eu não entendia esse segmento bem o bastante para evitar diversos erros importantes. Num determinado momento, tudo pelo qual eu havia trabalhado parecia como areia escoando entre meus dedos. Ao tentar salvar o que ainda valia a pena, mencionei para um de meus investidores que ainda tínhamos muito com o que trabalhar. Sua maldita avaliação me atingiu diretamente no plexo solar: "Nós temos a raiz quadrada de nada", ele disse e retirou seu suporte financeiro. Fracasso! Completo fracasso! A dor é indescritível. E mesmo assim, ao que parece, o fracasso é nosso melhor professor.

Veja o fracasso não como uma falha irrecuperável ou um ponto final, mas como uma pausa necessária no caminho para chegar à meta final. Ignore aqueles derrotistas ao seu redor que, por inveja ou medo da própria incompetência, irão qualificar seu fracasso como fim da estrada. É o começo. No fracasso existe aprendizado. Existe também uma grande oportunidade de crescimento.

Thomas Edison nos proporcionou o que considero uma das mais profundas percepções sobre fracasso. Em sua longa estrada a caminho da invenção de uma das mais importantes tecnologias que usamos até hoje, ele disse: "Não fracassei. Simplesmente descobri 10 mil maneiras que não funcionam". Afinal, foi Edison que tornou popular o termo *failing forward*, algo como fracassar avançando, isto é, fracassar, aprender, seguir em frente. Ao discutir sobre os erros do presidente Woodrow Wilson, Edison concluiu, "Dizem que o presidente Woodrow fez grandes besteiras. Talvez ele tenha feito, mas percebo que geralmente ele faz besteiras avançando".

O dramaturgo Samuel Beckett reverberou este pensamento quando aconselhou. "Tente novamente. Fracasse novamente. Fracasse melhor". Se o medo do fracasso está prejudicando sua capacidade de usar seu potencial, pare imediatamente! Pergunte-se por quê. Se não conseguir descobrir, procure o auxílio de um consultor ou de conselheiro confiável.

É mais fácil falar do que fazer? Com certeza. O sucesso não é fácil – é por isso que tão poucas pessoas chegam ao topo. A vasta maioria das pessoas se desencoraja facilmente pelos fracassos inevitáveis que uma estrada para o sucesso inclui. Mas, se por outro lado, elas virem o fracasso como uma oportunidade para recomeçar sob uma perspectiva renovada, é surpreendente como muitas mais pessoas alcançariam o sucesso.

Os pesquisadores organizacionais Adrian Wilkinson e Kamel Mellahi, respectivamente da Warwick University na Inglaterra e do Centro de trabalho, Organização e Bem-estar da Griffith University na Austrália, afirmam que a literatura na psicologia está repleta de estudos sobre como e por que alguns executivos conseguem aprender com um fracasso e seguir em frente, enquanto outros não. É um fenômeno complexo, eles concluem, mas que embasa o sucesso estratégico de indivíduos, equipes, grupos e empresas. Segundo eles, a cultura de uma organização em grande parte determina se os indivíduos que lá trabalham são capazes de fracassar rapidamente e avançar com fracassos. Isso não significa que você deve permitir que sua organização determine sua capacidade e perspectivas no que diz respeito a revezes. Em suma, depende de você assumir a atitude certa, admitir o fracasso, aceitá-lo, aprender com ele e seguir em frente.

▶ *Uma conversa com* ◀
MARSHA SERLIN

São poucos os executivos que conheço mais determinados e engajados que Marsha Serlin. De enfrentar a execução da hipoteca de sua casa e lutar para alimentar seus filhos, ela agora preside uma das maiores empresas de reciclagem industrial nos Estados Unidos, como diretora-executiva da United Scrap Metal, uma empresa de 215 milhões de dólares que processa mais de 140 mil toneladas de aço por ano.

Ressurgida das cinzas de uma ruína econômica, Marsha fundou uma empresa de reciclagem muito antes dessa palavra ganhar popularidade. Ela olhava os refugos de metal descartados na vizinhança e pensava como poderia criar um negócio com eles – e então criou. Ela começou sua empresa depois de encontrar um vizinho que conhecia o negócio e pedindo a ele que "lhe contasse tudo que sabia sobre isso em 24 horas".

A United Scrap Metal Inc. foi fundada em 1978 como uma empresa de reciclagem de metal privada. Marsha desenvolveu o negócio a partir de um investimento inicial de 200 dólares e tornou-se uma das empresas de reciclagem de maior crescimento na região metropolitana de Chicago. Ela trabalhava 16 horas por dia, procurando refugos de metal por toda parte. Em 1981, sua empresa tinha um verdadeiro quartel-general em Chicago, e atualmente, emprega centenas de pessoas, segundo ela, com uma taxa de rotatividade extremamente baixa.

A United foi reconhecida como uma das empresas mais eficientes e inovadoras no setor de reciclagem de metal. Sua reputação pelo profissionalismo e serviço exemplar levou a relacionamentos duradouros com muitas das principais indústrias do meio-oeste dos Estados Unidos.

Quando conversei com Marsha sobre sua experiência de vida, ela estava em seu barco nas Bahamas, plenamente certa de que a empresa estava em boas mãos depois que ela nomeou seu filho presidente.

"Na United", Marsha explicou, "oferecemos ao cliente o serviço correto, pelo preço correto e da maneira mais fácil possível." A abordagem de sua empresa conquistou o amplo reconhecimento do setor. Ela recebeu numerosos prêmios, inclusive como finalista do Empreendedor do Ano de 1997 da Ernest & Young, e o prêmio de Executiva do Ano de 1997 da Grant Thorton.

Fracassar rápido e fracassar avançando é uma filosofia que continua sendo uma das principais chaves do sucesso de Marsha.

"Assumir riscos faz parte da vida, e você não consegue avançar se não assumir algum risco", disse Marsha. Admitindo que o medo de fracassar é sempre um ingrediente de assumir riscos, ela afirma que a solução é passar por cima do medo. "Passo por cima do medo o mais rápido possível porque não posso me dar ao luxo de viver ou pensar em arrependimentos. Quero fazer tudo, chegar lá, e quero avançar."

Recuperar-se de fracassos, sejam pequenos ou grandes, é essencial para o sucesso. "Muitas vezes, grandes ideias vêm de coisas simples que você nota. E mais adiante, digo, vamos experimentar fazer de outra maneira. O que podemos fazer diferente do que estamos fazendo agora que pode resultar em mais sucesso?"

Cabe aos líderes, ela acrescentou, criar um ambiente onde fracassar é seguro, e onde é possível aprender e se recuperar de um fracasso. "Se você censurar uma pessoa toda vez que ela tiver uma ideia, então ela não vai mais lhe trazer ideias. Mas se ela se sentir segura, então poderá contribuir. É quando ela ganha e quando você ganha."

Inspirada por Winston Churchill, Marsha relembra que "Coragem é ir de fracasso em fracasso sem perder o entusiasmo". É um conselho inestimável.

"O passado não é uma matriz para o futuro; não é assim que deve ser... Você faz sua vida como ela é", ela refletiu. "Revejo minha vida e penso que, sempre que achava que estava vivendo um sonho dourado, a vida me dava um tapa na cara. A vida tem mania de estapear você de vez em quando." Ela transformou a empresa num formidável prestador de serviços quando decidiu diversificar. Isso se mostrou uma empreitada custosa e ela perdeu milhões de dólares. "Mas fui resiliente; foi quando segui em frente e disse: 'Tudo bem, cometi esse enorme erro, mas isso não vai por fim a minha empresa'".

A parte mais importante do fracasso, portanto, é reconhecer seus erros e deixá-los para trás rapidamente. O fracasso é a melhor maneira de aprender.

"Não importa onde você começa, e sim onde termina," ela declarou firmemente. "E certamente eu ainda não terminei, nem mesmo agora."

6

Longa Pausa Intermediária

Novembro de 1997 a janeiro de 2006

Após abortar minha primeira tentativa de escalar o Monte Kilimanjaro, voltei para Londres, e me mantive mais ocupada do que nunca. Dediquei grande parte de minha vida à carreira e neste sentido sempre havia muito a fazer. Portanto, não demorou muito para eu estar milhares de quilômetros distante do Kilimanjaro – não apenas física quanto mentalmente também.

Minha carreira esteve na pista expressa desde o princípio. Embora meus pais imigrantes mal pudessem entender como era importante ingressar na escola certa, tudo ocorreu bem. Formei-me em Direito em Michigan, no auge da recessão no início da década de 1980, e fui a primeira de minha turma a arrumar um emprego, começando a trabalhar como consultora apenas três dias depois de minha última prova. Alguns anos mais tarde, inscrevi-me na Faculdade de Direito da Universidade de Nova York para um mestrado em direito tributário internacional.

Talvez minha luta constante para chegar ao topo tenha sido uma forma de compensação. Após uma juventude de pobreza e opressão na Romênia comunista, onde fui até mesmo expulsa da escola por causa das convicções religiosas de meus pais, eu precisava de um senso de identidade. Minhas ambições e trabalho constante provavelmente foram resultado dessa necessidade de autoafirmação. Para mim, o capitalismo, apesar de seus defeitos, era um sistema muito mais igualitário. E os Estados Unidos, com sua Constituição esclarecida, sua tolerância religiosa e liberdade de expressão, era um raio de esperança e luz. Tudo isso me permitiu fazer a diferença. No mundo cinzento da engenharia social e dos planos setenários – o mundo do comunismo – certamente meu sucesso não seria possível.

Em meu novo lar, os Estados Unidos, o sucesso parecia não só possível, mas praticamente inevitável. Durante a década de 1980, minha ascensão no mundo corporativo foi rápida e altamente gratificante. Eu trabalhava dia e noite, movida por propostas inebriantes e subi rapidamente a escada corporativa. Em 1990, ganhei a oportunidade de assumir uma cobiçada posição de expatriada no Citibank de Londres. Num momento em que o futuro do Citibank parecia incerto, eu liderei o esforço na Europa para reduzir drasticamente o passivo tributário do banco. Foi durante os meus quase 10 fabulosos anos em Londres que passei meu quadragésimo aniversário *não* alcançando o pico do Monte Kilimanjaro. Eu não estava habituada ao fracasso.

Talvez seja por isso que não consegui me livrar da obsessão com aquela montanha. Às vezes, enquanto corria sob a chuva de Londres no fim do dia atrás de um taxi ou atrasada para um compromisso, a imagem voltava a minha mente: as dificuldades para vencer o aguaceiro da floresta; as gotas de chuva que respingavam da vegetação; a névoa subindo do solo encharcado. Por um lado, essas lembranças eram etéreas e alucinatórias, há muito já removidas de minha pressão profissional cotidiana. Por outro lado, alguma coisa me incomodava. Eu havia sobrevivido e completado mais da metade do trajeto rumo ao topo da montanha mais alta do mundo, voltando apenas por causa das intempéries. Eu havia provado que podia me adaptar às condições mais adversas e que tinha preparo físico. Aparentemente, não havia mais nada a provar. Ou havia?

LONGA PAUSA INTERMEDIÁRIA

Enquanto isso, a carreira continuava comandando minha atenção. Mudei do Citibank para o JPMorgan e, por fim, para a posição de diretora administrativa no AIG Financial Products, o braço de investimentos da gigante de seguros American International Group. O milênio estava chegando ao fim. Eu sobrevivi à bolha da Internet e o mundo seguia em frente como de costume. Meus quarenta e poucos anos deram lugar aos quase cinquenta dentro dos limites do convencional. Exceto que, em meus sonhos, eu vislumbrava aquela Aura Rosa que havia visto do topo do Monte Meru alguns anos antes. Por fim, percebi que não podia me livrar disso.

Ou, talvez, era a montanha que não conseguia se livrar de mim. Em Londres, correndo pela chuva para chegar a um compromisso, eu me lembrava da chuva no Kilimanjaro, das gotas brilhando nas folhas das árvores. Essas lembranças me faziam sentir como se eu ainda tivesse algo a provar. Não havia como escapar: o Kilimanjaro era um negócio inacabado. Sem justificar concretamente para mim mesma o que estava fazendo, comecei a treinar de novo – indo à academia com maior frequência e preparando-me fisicamente para uma nova investida na montanha.

Tudo parecia se encaixar perfeitamente. Eu não me sentia feliz na AIG, embora como diretora administrativa eu tivesse construído um empreendimento financeiro muito bem-sucedido estruturalmente com negócios em várias corporações multinacionais. O empreendimento saiu do zero para uma receita líquida anual de 50 milhões de dólares. No entanto, estávamos no período pós Enron, e o escândalo havia deixado um certo gosto amargo. Parecia-me que a AIG não era mais lugar para mim. Eu havia alcançado o que almejava e sinceramente não estava gostando do rumo que a empresa estava tomando. Comecei a pensar sobre retribuição, sobre filantropia. Por fim, esses pensamentos me galvanizaram a agir: larguei meu emprego – para surpresa e até mesmo o horror de alguns amigos. Foi uma iniciativa considerável, e deixou em aberto uma dúvida considerável também: O que eu faria a seguir?

Foi neste momento que estreitei minha amizade com Ron Chamberlain. Um *coach* de carreira com um histórico muito bem-sucedido no setor financeiro, Rod conhecia muitos profissionais de bancos de investimento como eu. Ele estava acostumado a extrair de nós o que realmente queríamos fazer. Certo dia, Rod me falou sobre uma organização filantrópica para pessoas com necessidades especiais chamada Enham. Ele era seu novo presidente. Para ele, era o tipo de organização com a qual eu gostaria de me envolver, portanto, convidou-me para conhecer.

A Enham é de fato extraordinária. Seu lema – liberar o potencial – descreve perfeitamente sua missão. Fundada em 1918, a organização oferece uma ampla gama de serviços para pessoas com necessidades especiais, ajudando-as em seu desenvolvimento pessoal e oferecendo oportunidades de trabalho. Suas raízes filantrópicas remontam os esforços pós Primeira Guerra Mundial; foi fundada para ajudar combatentes com sequelas. A sede da Enham, em North Hampshire, Inglaterra, oferecia moradia e cursos para que essas pessoas pudessem reconstruir suas vidas. Mais tarde, foi criado um programa de desenvolvimento para estimular a confiança e as habilidades que pessoas com necessidades especiais necessitam em sua transição para uma vida totalmente independente, ou para o estilo de vida ou emprego que atendessem a seus objetivos ou desejos. Este programa me atraiu profundamente. A visão da Enham de uma sociedade que trata as pessoas com necessidades especiais como indivíduos normais e que, inclusive, as ajuda a atingir todo seu potencial me pareceu uma força poderosa do bem no mundo.

Senti imediatamente uma afinidade com as pessoas que a Enham buscava ajudar. Afinal, a humanidade toda luta por alguma coisa. Não é a natureza da necessidade especial que define a pessoa, mas a maneira como ela luta para superá-la. É isso que faz a diferença.

Quando me juntei a este conselho diretor como tesoureira honorária, a Enham atravessava um processo de reestruturação e buscava novas maneiras de aumentar seu alcance e eficiência. Pude notar que ela necessitava de uma maneira inteligente de promover seu perfil filantrópico – algo inusitado, algo diferente.

LONGA PAUSA INTERMEDIÁRIA

A ideia surgiu certo dia na academia. Eu fazia esteira enquanto Hans corria a meu lado. Perdida em meus pensamentos, vislumbrei a Enham e maneiras de promover seu perfil. Ao mesmo tempo, uma dor nas pernas lembrou-me de que o marco 50 anos de idade estava se aproximando sorrateiramente de mim. Cinquenta! Ainda faltava um pouco, mas isso me fez parar. Cinquenta anos. Mais da metade de uma vida havia se passado. É verdade, conquistei muito nesse tempo, certamente muito mais do que meus pais jamais poderiam sonhar, mas ainda faltava alguma coisa. Talvez, se eu pudesse fazer algo pela Enham.

"Amor", olhei para Hans que me fitou com um olhar desconfiado. Ele me conhecia muito bem. Percebeu praticamente ao mesmo tempo que eu que estávamos na iminência de mais uma de minhas ideias malucas. Mesmo assim ele me ouviu como sempre fez.

"Tive uma ideia", eu disse, enquanto continuava firme na esteira. "Sabe o que eu gostaria de fazer para comemorar meus 50 anos?"

"Deixe-me pensar, você quer voltar no Kilimanjaro?", ele perguntou, enquanto arqueava suas sobrancelhas escuras. Ele parecia um grande ponto de interrogação.

"Sim! É exatamente isso o que quero. Mas tenho mais alguma coisa em mente. Algo ainda melhor que isso! Quero levar um grupo de pessoas com necessidades especiais da Enham comigo."

E assim fiz o casamento da montanha com a Enham em minha mente. Foi um dos momentos mais criativos de minha vida casar o sonho pessoal de conquistar o Kilimanjaro com a necessidade da Enham de um perfil arrojado. Obviamente, isso era uma loucura total. Que eu soubesse, ninguém jamais havia tentado algo semelhante – levar um grupo de pessoas com necessidades especiais para escalar uma das montanhas mais altas do mundo. Houve uma tentativa anterior que envolveu uma pessoa com necessidades especiais com o suporte de um grupo de ajudantes. Mas um grupo de pessoas com necessidades especiais escalando de fato? Minha mente começou a mirabolar ideias. E se eu formasse pares de uma pessoa com necessidades especiais e uma sem, que poderia ajudar o companheiro a escalar a montanha? Isso não seria a ilustração perfeita do lema da Enham de liberar o potencial de cada pessoa? Também me parecia que isso liberaria meu próprio potencial. Aqui eu poderia fazer diferença na vida das pessoas.

Eu idealizei um trabalho em equipe. E esta equipe seria composta por miniequipes, estimulando-se mutuamente ao longo do caminho, com as pessoas sem necessidades especiais ajudando aquelas com, que por sua vez, inspirariam o companheiro. Eu havia tentado conquistar o Kilimanjaro no meu quadragésimo aniversário e fracassei. Que maneira melhor de completar a empreitada no meu quinquagésimo aniversário fazendo parte de um grupo como este e contando com suporte?

Hans achou que eu havia enlouquecido, mas pude ver a luz em seus olhos quando ele me disse que eu deveria primeiro conversar com Rod Chamberlain, presidente da Enham, para convencê-lo da ideia. Não demorou muito para Rod aceitar e nos apoiar. Ele levou o assunto para aprovação do conselho, e nossa aventura começou.

Lição de liderança nº 6: seu legado

Conforme você sobe a escada do sucesso, é muito fácil acabar olhando para o próprio umbigo e sendo míope para o mundo externo. É muito fácil tornar-se tão obcecado com suas metas diárias, os obstáculos que enfrenta e cada mínimo detalhe referente a sua ascensão ao topo que você esquece realmente a que veio.

Chegar ao topo e tornar-se um grande líder é tema central deste livro, é verdade. No entanto, ser um grande líder também significa atingir o topo de sua capacidade de ser um ser humano, o que envolve preocupar-se com as pessoas com quem você lida como gestor e preocupar-se com a humanidade em geral. Como líder, você tem uma tremenda oportunidade – uma que não está disponível para todos – de investir em seu legado e de dar algo em troca para sua comunidade. Na verdade, você pode descobrir que, quando está envolvido em retribuir para sua comunidade de uma maneira que à primeira vista não parece lhe beneficiar diretamente, vai se sentir ainda mais feliz.

Investir em seu legado é uma atitude forte. Quando você olhar para trás e examinar sua vida, vai querer ver que fez mais do que apenas batalhar determinadamente por sua ascensão. Afinal, quando não estiver mais por aqui, não é importante também que tenha contribuído com algo para o mundo como um todo?

> ### INVISTA EM SEU LEGADO
>
> Invista em seu legado focando seus esforços, ao longo de sua carreira e de sua vida, numa causa nobre. Isso é mais do que doar mantimentos para desabrigados e carentes na campanha promovida pelo mercado na esquina de sua casa. É mais do que assinar um cheque anualmente. Investir em seu legado significa que você investe a si – seu tempo e suas habilidades – em uma organização filantrópica ou em uma causa que se beneficiará de sua paixão.

Investir em seu legado dá muita satisfação. Encontre uma causa ou uma comunidade que seja importante para você. Para mim, o mundo parecerá realmente sustentável quando todo ser humano puder se apoiar no tripé:

1. Educação gratuita no mínimo até o ensino médio.
2. Assistência à saúde acessível.
3. Oportunidade de subsistência (Sociedades civilizadas não devem às pessoas sua subsistência, mas precisamos criar oportunidades reais para que os cidadãos possam ganhar a vida.)

Dado meu histórico profissional, decidi focar minha filantropia no empoderamento econômico/autonomia financeira (especialmente de mulheres) e na educação. Para isso, viajei por toda a África e a Índia e constatei a importância de capacitar as pessoas a se tornarem empreendedoras. Também percebi rapidamente que meus esforços iniciais não eram suficientes, então comecei a atrair investidores em mercados emergentes e de fronteira para criar empregos para uma nova geração de jovens, homens e mulheres, com instrução.

As organizações filantrópicas se beneficiam muito não só de sua carteira, mas também de seu tempo e suas habilidades como profissional e líder. Algumas organizações estão estruturadas para tornar esta forma de "doação" parte de sua cultura corporativa. Se você ocupa uma posição corporativa onde pode estabelecer essas prioridades, considere fazê-lo. Você pode seguir o exemplo da Target, uma rede de supermercados em que cada loja doa de alguma forma 5% de seu lucro semanal para a comunidade. A empresa de calçados Tom Shoe's doa um par de sapatos para uma criança de um país do terceiro mundo para cada venda feita a um consumidor. Este tipo de ação é extremamente poderoso. No entanto, mesmo sem qualquer ajuda de seu empregador, você pode investir em seu legado concentrando seus esforços numa única causa.

Os psicólogos usam uma expressão mais elaborada para a retribuição: "comportamento pró-social e de solicitude". Os renomados pesquisadores em psicologia Mark Schneider e Stefan Stürmer referem-se a isso como "Faz bem fazer o bem". Eles acreditam que existem benefícios psicológicos e até mesmo potencialmente físicos em mudar seu foco para os outros e retribuir a sua comunidade.

Retribuir realmente beneficia a todos no longo prazo. A civilização jamais teria evoluído sem o desejo inato dos muitos indivíduos capazes em ajudar os menos favorecidos. Faz parte de nosso DNA social – e não me surpreenderia se, à medida que os biólogos decifram nosso genoma, descobrirmos que o "comportamento de solicitude" é parte inerente do código que significa ser um humano.

O Dr. Martin Luther King jr. expressou eloquentemente um pensamento semelhante: "Tendemos a julgar o sucesso pelo nível de nossos salários ou pelo tamanho de nossos carros, em vez de pela qualidade de nossos serviços ou por nosso relacionamento com a humanidade".

Investir em seu legado é muito mais do que ações de benemerência, por mais importante que isso seja. Criar um impacto duradouro pode ser resultado de sua carreira, dependendo da natureza de seu trabalho. Devo admitir, no entanto, que minha carreira no setor de bancos de investimento deixou-me ansiando por mais. Analisando friamente, meus colegas e eu éramos extremamente bem pagos para acrescentar muito pouco valor à sociedade. Não estávamos construindo nada, não criávamos nada com valor e era difícil para mim argumentar que nossos instrumentos financeiros sofisticados melhoravam a condição humana. No entanto, quando comecei a pensar sobre como poderia usar minha habilidade financeira, legal e de gestão de risco para investir em lugares e setores e quebrar o ciclo de pobreza, soube que estava no caminho certo. Pela primeira vez em minha vida eu havia alinhado meus interesses profissionais aos filantrópicos. Fiquei empolgada!

Minha vida parecia assumir um novo significado. Ainda temos um longo caminho a percorrer como empresa para causar um impacto significativo, mas participo com prazer deste desafio e oportunidade de investir em gerações futuras.

Provavelmente, você está lendo este livro porque ama sua carreira ou deseja ascender ao topo, mas como será sua imagem quando você chegar lá? E amar a si próprio o bastante para ser capaz de retribuir a sua comunidade irá enriquecê-lo como executivo, gestor e líder? Você definirá o tom para os outros e estará investindo em seu legado. Isso não tem preço.

▶ *Uma conversa com* ◀
"Barão" Henry William Stiegel

Acredito que Winston Churchill acertou em cheio quando disse: "Ganhamos a vida com o que recebemos, mas fazemos a vida pelo que damos". Sempre que perco de vista esta simples verdade, relembro do famoso ancestral de meu marido, Henry William Stiegel, um artesão do início do século XVIII na América colonial.

Pouco depois de chegar ao Novo Mundo (na Pensilvânia, especificamente), Stiegel começou a trabalhar numa fundição de ferro em Lancaster County. Embora tenha alcançado muito sucesso na empresa, em 1763 tomou uma decisão que mudaria tudo. Este foi o ano em que produziu sua primeira peça de cristal. Stiegel e um sócio começaram a operar sua própria vidraçaria dois anos mais tarde, empregando mais de 130 funcionários e estabelecendo distribuidoras por toda Pensilvânia e depois em Baltimore, Nova York e Boston.

A boa sorte de Stiegel cresceu juntamente com aquela das peças de cristal. Prevendo que a bonança duraria para sempre, Stiegel começou a viver o equivalente colonial ao estilo de vida de um novo bilionário da Internet. Ele tinha três mansões onde, quase literalmente, tiros de canhão e uma banda anunciavam sua chegada ou partida. Foi neste período inebriante que as pessoas começaram a se referir a Henry como "o Barão," por causa de suas raízes germânicas, é claro.

Juntamente com sua fortuna e status social, a influência e o perfil de Stiegel cresceram também. Percebendo isso, ele decidiu acertadamente se tornar um líder comunitário e um representante laico da Igreja Luterana na Pensilvânia. Em 1772, ele vendeu a seus correligionários luteranos um lote de terra para construírem uma igreja – por um valor nominal de cinco shillings. E decretou que: "doravante e para todo o sempre, anualmente a cada mês de junho, será cobrada Uma Rosa Vermelha a título de aluguel nos termos da lei". A Zion Lutheran Church foi prontamente construída no local vendido por Stiegel.

Generoso como era, Stiegel ficava cada vez mais extravagante. Atingidos por uma recessão, a situação financeira de toda a região deteriorou-se profundamente. Houve um arrocho monetário cada vez maior nas colônias e os impostos eram cada vez mais opressivos. Stiegel hipotecou suas duas fundições e as propriedades para construir uma segunda vidraçaria, e continuou vivendo além de suas posses.

LONGA PAUSA INTERMEDIÁRIA

Em 1774, Stiegel foi preso por endividamento. Quando foi libertado na véspera do Natal, todos os seus bens haviam sido confiscados. Em 1776, o novo proprietário da Elisabeth Furnace, a fundição onde ele inicialmente construiu sua reputação, ofereceu-lhe emprego. Quando os revolucionários americanos venceram a batalha da independência, a fabricação de balas de canhão foi descontinuada na fundição, e Stiegel ficou novamente desempregado. Ele morreu na pobreza em 10 de janeiro de 1785.

Stiegel morreu falido, sem deixar nenhum bem para seus descendentes, mas deixou dois legados importantes para todos. O primeiro foram suas peças inovadoras em cristal. Exemplos de seu trabalho (agora conhecido como cristais Stiegel) podem ser encontrados em museus por todos os Estados Unidos e em coleções ao redor do mundo. Esses objetos, que combinavam funcionalidade, qualidade e extrema beleza, foram fabricados com a tecnologia mais inovadora existente na época e estão expostos proeminentemente na seção de cristais coloniais no Metropolitan Museum de Nova York, no Edison Institute (Henry Ford Museum) em Dearborn, Michigan e em diversos outros museus.

Seu outro legado notável foi a igreja Zion Lutheran Church em Meinheim, Pensilvânia, que ainda atende à comunidade. Permanece como um monumento para manter a generosidade eternamente.

Duas vezes durante sua vida, Stiegel aceitou da igreja uma rosa vermelha como o pagamento anual do aluguel, mas este gesto sentimental foi virtualmente esquecido até 1892, exatos 120 anos depois que o contrato que continha a cláusula foi escrito. Desde então, foi instituído o Festival da Rosa Vermelha e foi encontrado um descendente de Stiegel para receber o pagamento da congregação.

Desde aquele ano, em um determinado domingo de junho, a congregação paga a dívida de uma rosa vermelha para um descendente de Stiegel, conforme exigido no contrato de 1772.

Quando Stiegel firmou o contrato com a igreja, ele estava investindo em seu legado. Passados mais de 200 anos de sua morte, ele continua sendo lembrado pela qualidade de seu trabalho e, mais apreciadamente, por sua generosidade. No que diz respeito a seu legado, o que você vai deixar?

7

Seleção *da* Equipe

Março de 2007

Quando a proposta que me permitiria liberar o potencial de toda uma equipe de alpinistas foi apresentada ao conselho da Enham, eles aprovaram a ideia e isso me pôs em ação. Era hora de montar um grupo que não só acreditasse nesta visão mas que também fossem bem informados e confiáveis o bastante para aceitar a designação. Eu já sabia o quão difícil era o Kilimanjaro, mesmo para um guia e carregadores experientes. Planejar esta viagem em si já parecia uma escalada.

Temi por minha vida naquela primeira vez no Kilimanjaro, como resultado de uma liderança fraca. Vi de perto a manifestação daquilo que se conhece como mal da montanha no Monte Meru, resultado de uma situação ocasional infortuna. A vítima era um alpinista veterano, fisicamente preparado, o que a princípio me surpreendeu. O fato é que, muitos alpinistas mesmo com condicionamento físico adequado morrem no Kilimanjaro todos os anos. Dados todos esses fatores, eu sabia que não poderia tomar nem uma única decisão com leviandade aqui, especialmente no que tangia montar uma equipe.

Nossos alpinistas da Enham estariam colocando suas vidas em nossas mãos a despeito de tudo, mesmo que se preparassem mentalmente e fisicamente ao máximo de sua capacidade. Era tanto uma responsabilidade moral quanto prática. Não poderia haver nada menos do de um excelente planejamento estratégico de minha parte. Eu tinha de estar preparada tanto para o sucesso quanto para o fracasso, inclusive ao ponto de levar um consultor de mídia com experiência em gestão de crise a bordo – planejamento preventivo para o pior dos cenários.

Eu precisava escolher um líder de projeto – uma decisão especialmente importante. Para isso, procurei Steve Ballantine, um inglês especialista em logística, que não só tinha experiência em liderar expedições aos lugares mais exóticos do planeta, tais como Mongólia e Papua Nova Guiné, mas que também havia trabalhado com filantropia para pessoas com necessidades especiais. Fui pega de surpresa quando ele questionou se o Kilimanjaro deveria ser a montanha para escalarmos. Ele achava que existiam muitos outros destinos no mundo mais propícios para uma expedição como a nossa. "A verdade é que", ele acrescentou, "nunca escalei o Kilimanjaro. Mas já escalei muitas outras montanhas e tenho certeza de que poderemos levar a maior parte do grupo ao topo."

Meu coração afundou, ouvi minha própria voz vacilar quando tentei explicar minha visão romântica de chegar ao que era essencialmente o topo da África e meu desejo absoluto de conquistar aquela montanha. Conforme falava, comecei a duvidar de minhas intenções. Escolher o Kilimanjaro era puramente pessoal? Nunca havia me ocorrido escolher uma montanha diferente. Por fim, aceitei, antes de Steve ir embora, em estar aberta a explorar outras ideias e destinos.

Mas quando Steve voltou, surpreendeu-me concordando que sim, o Kilimanjaro era o desafio certo. Ele havia pesquisado o assunto e agora acreditava que era uma montanha da qual nossa expedição podia dar conta. Neste momento, senti plena confiança nele. Se ele tivesse sugeri-

SELEÇÃO DA EQUIPE

do uma montanha alternativa, eu estava aberta a aceitar. No entanto, ele não fez nenhuma sugestão, o que me pareceu o melhor dos resultados que eu poderia esperar. Tínhamos a bordo um gerente de projeto de primeira, e este era o primeiro passo para levar um grupo ao topo.

Considerando que um dos objetivos era promover o perfil da Enham, precisávamos de um consultor de mídia e diretor de cinema de primeira. Também precisávamos de uma excelente equipe médica. Fiquei feliz por minha boa amiga Jane Atkinson estar disposta a lidar com o lado da RP. Ela é uma profissional de classe mundial que ganhou notoriedade quando trabalhou para Diana, a Princesa de Gales. Outra amiga, Joanne Sawicki, também fez parte do núcleo da equipe. Uma australiana cheia de energia que mora em Londres, ela fundou seu próprio canal de TV depois de anos como diretora de programação da Sky Television, uma das empresas de Rupert Murdoch.

Steve me apresentou ao Dr. Chris Parsons, um cirurgião apaixonado por alpinismo e com uma grande empatia por pessoas com necessidades especiais. Seu irmão possuía necessidades especiais e foi cuidado por uma entidade filantrópica semelhante à Enham. Segundo Chris, ajudar esta expedição era um modo de ele retribuir.

Com o núcleo da equipe montado, passamos a nos concentrar na seleção de candidatos à escalada. O número ideal era de no máximo oito pessoas com necessidades especiais, cada qual acompanhada por no mínimo um companheiro capacitado. Precisávamos da combinação certa de personalidades e habilidades que proporcionassem ao grupo a maior probabilidade de chegarem ao topo. Em vez de sermos inundados com inscrições vindas do mundo inteiro, nos limitamos à população da Enham e enviamos um único lote de mala-direta com um folheto para avaliar o interesse.

Steve ficou a cargo de nosso fim de semana de recrutamento. O objetivo era selecionar as pessoas que teriam a melhor chance de atingir o pico, mesmo que precisassem de um pouco de sorte para fazer isso. A intenção era proporcionar-lhes uma experiência que mudasse suas vidas, mas que não as colocasse em risco, e que aumentasse sua confiança ao longo do processo. Esperávamos que mesmo os alpinistas que não atingissem o topo, vivenciassem uma experiência inesquecível de crescimento independentemente de onde chegassem.

Durante aquele fim de semana, conhecemos a primeira de nossos alpinistas, Liz Curtis, uma mulher que teve um colapso nervoso em 2001 e desde então não saiu mais de casa. Ela recebeu o folheto sobre o projeto enviado pela Enham e pensou: "que diabos é isto?". Mais tarde, ela me contou que estava cansada do medo constante que afetava sua vida, e a descrição da escalada no folheto convenceu-a de que agora era o momento de superá-lo. Para poder ir a nosso encontro, ela cruzou a entrada da casa pela primeira vez em cinco anos e subiu num ônibus! Nunca esquecerei seu semblante quando a vi: petrificada, mas corajosamente determinada. Soube de imediato que ela era uma pessoa certa para a expedição. Estava desesperada para mudar sua vida, e a despeito de sua agorafobia, estava disposta a viajar milhares de quilômetros apenas para fazer isso.

James Smith tinha uma personalidade totalmente diferente. Magro, tímido e míope, trazia um permanente sorriso radiante no rosto. James era autista e sofria de profunda dificuldade de aprendizado. Residente da Enham desde 1990, ele era o exemplo perfeito de uma história de sucesso da Enham. Começou com cuidados 24 horas por dia e agora vivia praticamente por conta própria. Eu não tinha certeza sobre como ele imaginava o Kilimanjaro e a aventura que havíamos planejado, mas pude perceber que isso o deixava muito empolgado. Seu sorriso aberto e seu entusiasmo o carregariam para cima ao menos até parte do caminho, eu esperava.

Alex Adams pareceu a princípio o extremo oposto de James. Alex tinha síndrome de Asperger e tinha uma expressão ranzinza e preocupada. Também ao contrário de James, cujos pais haviam falecido, Alex tinha uma família grande disposta a financiar sua viagem para a África. Inicialmente, preocupei-me de que a depressão grave de Alex e a medicação necessária pudessem descartá-lo como um bom candidato para a viagem. Ele era também um fumante inveterado, o que poderia ser problemático, mas sua paixão pela conservação e pela natureza me venceram. Eu queria que ele tirasse proveito do trajeto que levava ao topo da montanha, da floresta tropical ao campo de gelo.

Val Bradshaw tinha um ponto de interrogação pairando sobre sua cabeça, em minha opinião. Era uma questão de força física. Uma mulher atlética no passado, ela sobreviveu a um acidente terrível quando um cavalo a arremessou contra uma árvore. Sua perna ferida agora era menor do que a outra. Val era animada e altamente resoluta, mas isso seria o suficiente? No entanto, gostei dela imediatamente, e por fim percebi que se Val mantivesse sua atitude positiva durante a escalada ela certamente chegaria ao topo.

Jamie Magee é outra vítima de acidente. Atropelado por uma motocicleta quando tinha apenas cinco anos, ficou com seu lado esquerdo paralisado. Ele parecia com uma pessoa que teve derrame. No entanto, sua determinação era digna de nota e seu senso de humor cativante. O irmão de Jamie também queria vir junto, o que era perfeito, já que todo participante com necessidades especiais precisava ter um par plenamente saudável, e Brian o era.

A última pessoa de nossa pequena lista era James Bridges. Além de um processo degenerativo da espinha dorsal, a vida difícil de James incluía depressão na adolescência e 16 anos desempregado e desabrigado. Os membros da comissão de seleção que reuni balançaram a cabeça em desaprovação, ele não serve para isso. No entanto, um membro do comitê, Jo, discordou. Ela ressaltou que James andava 16 km por dia levando seu cachorro para passear, apesar da dor constante infligida por sua doença. Ele até já participou de maratonas beneficentes, disse Jo. "Isto diz alguma coisa sobre ele. James tem uma força de vontade inacreditável. Por mim, ele vai à viagem. Ele surpreenderá vocês."

Quando conheci James, perguntei a ele por que queria participar da expedição. "Nunca saí do país", ele disse com sinceridade, sem sorrir. "Sei que não pareço muito apto para o desafio, mas acho que posso fazer isso; realmente posso."

No entanto, havia um empecilho. Tínhamos uma norma de que cada membro da expedição deveria contribuir com 5 mil libras levantadas por meio de patrocínio ou pagas pela família, para cobrir os gastos com a viagem. Eu sabia que James nunca encontraria alguém que o patrocinasse.

Olhei para Hans. Ele acenou a cabeça concordando.

"Tudo bem", eu disse. "Que tal eu e meu marido patrocinarmos você?"

James deu um sorriso largo que transformou seu semblante. "Verdade?", ele perguntou.

"Vamos adotar você", eu disse, e a felicidade estampada em seu rosto quase me fez chorar.

Montamos nossa equipe com seis alpinistas com necessidades especiais. Achei que tinham excelente calibre. Só esperava que minha determinação estivesse à altura da deles. O próximo passo era encontrar um companheiro sem necessidades especiais para cada um deles, e não foi difícil encontrar voluntários para esse papel. Depois que o processo de seleção foi concluído, disse a Hans como fiquei feliz com nosso comitê de seleção e com o processo. A equipe que havíamos reunido parecia perfeita, e somado a isso, tínhamos total apoio do pessoal da Enham.

Eu não podia estar mais enganada.

Lição de liderança nº 7: seleção da equipe

Uma equipe é tão boa quanto seu líder – ou melhor. Eu inverti o ditado: um líder é apenas tão bom quanto sua equipe. Ter ao seu redor uma equipe sólida, leal e altamente competente é imprescindível à medida que você sobe os escalões para o sucesso definitivo.

SELEÇÃO DA EQUIPE

Estudos mostraram há tempos que as organizações mais bem-sucedidas têm em ação uma combinação de liderança forte e trabalho em equipe em todos os níveis. Isso vale para um cenário macro, mas vale também para você como líder ou gestor.

Nem todo mundo tem o luxo, o tempo ou as circunstâncias para escolher a dedo sua equipe, como eu fiz para minha escalada do Kilimanjaro. Geralmente, ou você herda uma equipe ou precisa tomar decisões duras. O presidente norte-americano Abraham Lincoln, que será eternamente lembrado por seus esforços para manter a União unificada e abolir a escravatura, tinha em seu gabinete uma equipe formada por seus maiores rivais na candidatura à presidência. Ele acreditava que, em vez de escolher um grupo de submissos, escolher pessoas com a melhor qualificação, mesmo que tivessem sido seus mais duros oponentes, levaria à excelência. Em seu livro, *A Team of Rivals* (em tradução livre Uma equipe de rivais), a autora Doris Kearns Goodwin mostra meticulosamente como a equipe de Lincoln tornou-se sua melhor ferramenta – e como seus rivais, a maior parte deles, acabaram sendo seus maiores apoiadores e, em alguns casos, melhores amigos.

Existem exemplos menos extremos deste fenômeno. O principal aspecto que quero abordar aqui é a qualidade de sua equipe – o potencial de contribuição e as qualidades de cada membro individualmente. Exemplos de líderes que são bem-sucedidos a despeito de suas equipes ou que trabalham como maquiavélicos individualistas são poucos e esporádicos. A equipe é tudo.

Existem, é claro, diferentes tipos de equipes. Abordagens do estilo descendente (do topo para a base) supõem que você, como líder, essencialmente conduz o sucesso da equipe, com seus membros sempre prontos para seguir seu comando. Pesquisas realizadas por diversas universidades do mundo inteiro mostram que uma abordagem plana obtém mais sucesso, na qual o líder busca atender às necessidades da equipe e ajudar cada membro a dar o melhor de si. Ter uma equipe cujos membros têm a habilidade e a liberdade de se autocomandar quando as coisas ficam difíceis, para mim, é o ideal.

> ## SELECIONE UMA EQUIPE DIVERSIFICADA, VENCEDORA
>
> A melhor equipe do planeta não atingirá a excelência sem um líder igualmente bom. Também é verdade que um grande líder deve servir a sua equipe e, quanto melhor este serviço, mais forte é a equipe. É uma relação mútua. Escolha uma equipe diversificada com habilidades que se complementam e atitudes vencedoras. Não contrate sua própria imagem. Cuide de sua equipe como cuidaria de sua família – ouça as preocupações de seus membros e aceite suas críticas. A equipe estará inclinada a fazer o mesmo por você.

Ao selecionar membros de uma equipe, é importante que você leve em consideração mais do que as habilidades e a qualidade do currículo que tem a sua frente. A personalidade conta também. Ter na equipe pessoas talentosas porém difíceis, que caluniam os outros ou se envolvem em jogo político, será tão prejudicial para você quanto ter uma equipe de pessoas cooperativas mas incompetentes. Quando estiver selecionando uma equipe, procure pessoas que sejam competentes mas receptíveis, pessoas capazes de fazer o trabalho e também de ter um bom relacionamento com os outros. No longo prazo, isso lhe economizará muitas horas de intermediação de rivalidades políticas, quando as pessoas na verdade deveriam estar trabalhando juntas com sua atenção voltada para uma única meta. Contudo, mais importante, procure pessoas com valores sólidos e atitude positiva. Habilidades podem ser ensinadas e experiência adquirida, mas integridade e ética no trabalho são qualidades que simplesmente não podem ser ensinadas, nem mesmo por um líder transformador e eficiente.

Quando estava construindo a Ariya Capital, vi-me lutando para encontrar a equipe certa. Quando compartilhei minhas preocupações com um dos membros de meu conselho consultivo, ele disse: "Herta, estamos falando de sua visão, seu dinheiro, sua reputação. Se toda semana você tiver de mudar a equipe para chegar àquela ideal, faça!

Isso não quer dizer, no entanto, que você precisa de um grupo de clones. Steven Covey, especialista e autor de títulos sobre liderança, ressalta que "a força reside nas diferenças, não nas semelhanças". Assegure-se de que a somatória das pessoas em sua equipe corresponda às habilidades de que você precisa, que, como acontece, chegam em embalagens diferentes.

A importância da diversidade foi ressaltada pela professora Lynda Gratton e sua equipe da London Business School. Os pesquisadores observaram mais de 100 equipes e avaliaram suas habilidades de inovar. Os resultados foram publicados em um artigo intitulado "Innovative Potential:Men and Women in Teams" – em tradução literal, Potencial inovador: homens e mulheres em equipes – (The Lehman Brothers Centre for Women in Business, 2007) e chegaram à conclusão de que as equipes mais inovadoras são aquelas com um equilíbrio entre os gêneros: "Quando a inovação for essencial, as empresas devem criar equipes com a mesma proporção de homens e mulheres... uma representação equivalente dos gêneros pode ajudar a destravar o potencial inovador das equipes".

Independentemente da composição, é necessário confiar na equipe que se tem. O famoso industrial Henry Ford estava claramente preocupado com este princípio quando perguntou: "Por que devo abarrotar minha mente com informações gerais se tenho homens ao meu redor que podem me fornecer todo o conhecimento de que preciso?". É uma pergunta excelente. Assegure-se de que sua equipe é excelente, assegure-se de que pode confiar e contar com seus membros e não tenha medo de fazer mudanças se a dinâmica da equipe não estiver funcionando. Seu sucesso depende disso.

▶ *Uma conversa com* ◀
Dr. Karl (Charly) e Lisa Kleissner

Charly Kleissner é um empreendedor em filantropia que emprega sua experiência com a alta tecnologia em sua iniciativa benemerente. Veterano na indústria da tecnologia, ele passou mais de 20 anos como executivo sênior no Vale do Silício, trabalhando com pares de Steve Jobs. Sua esposa, Lisa, é arquiteta e criou a Kleissner Group, um escritório de arquitetura e de gestão de projetos que oferece soluções para empresas de alta tecnologia e biotecnologia.

Charly e Lisa construíram uma parceria muito forte e ambos estão envolvidos com sua fundação. A KL Felicitas Foundation está focada em (1) capacitar empreendedores sociais e empresas solidárias ao redor do mundo e (2) advogar o *impact investing* – investimento responsável. Charly e Lisa são investidores responsáveis apaixonados que trabalham com um grupo diversificado de empreendedores de diferentes partes do mundo para ajudá-los a criar suas empresas.

Atualmente, eles promovem oficinas e seminários sobre empreendedorismo social, liderança em empreendedorismo e empresas sociais.

Conversei com eles sobre seu estilo de gestão – em especial, sobre a importância de criar, estimular e recompensar uma equipe vencedora.

"Trata-se de delegar e confiar – permitir que seus executivos façam o que é necessário", Charly disse. "Delegar, ter diversidade de opinião, transparência na tomada de decisão e respeito por todos... são absolutamente necessários."

O casal enfatizou um distanciamento do estilo de tomada de decisão descendente (do topo para a base) em favor de um paradigma mais distributivo e, neste sentido, autêntico.

"Autenticidade e transparência andam de mãos dadas", disse Charly. "Se as pessoas realmente acharem que você é quem é genuinamente, não superficialmente, então maior será a probabilidade de que elas acreditem na visão da equipe. Elas irão apoiar e adotar esta visão, e aceitarão sua liderança. E se você combinar isso com transparência na tomada de decisão, mesmo nas situações mais difíceis em que as pessoas podem discordar de você, ao final das contas continuará sendo respeitado como líder e como gestor."

Uma equipe deve criar em conjunto, o que é uma atitude que o líder deve incentivar, disse Charly. "Como executivo, você pensa que controla o resultado, e é muito libertador e empoderador quando percebe que de fato você pode colaborar na criação e ser capaz de receber num nível que jamais imaginou antes", Lisa acrescentou. "Aprendi cedo em minha carreira a não me prender no resultado, mas a me prender muito mais ao desenvolvimento da equipe e a sua dinâmica. Sempre que tive a oportunidade de trabalhar amplamente com uma equipe, a solução foi muito melhor do que se eu tivesse sido a única pessoa no comando. Trata-se realmente de empoderar os funcionários para controlarem os projetos com a participação dos outros membros da equipe e possibilitar um diálogo aberto."

Para Charly, é muito importante que exista o compartilhamento da liderança e da visão. O objetivo deve ser "encontrar uma equipe que compartilhe sua visão e seus valores, e então dar autonomia a esta equipe qualificada e visionaria". Mas o alinhamento pleno pode ser limitante, advertiu Lisa.

"Se trabalhamos com uma equipe cujos membros estão totalmente alinhados conosco, isso tende a ser superficial. O que buscamos é o alinhamento de alguns valores. Mas queremos também pessoas que não concordem sempre conosco, porque elas serão aquelas que trarão novas perspectivas", Lisa continuou. "Quando participo de um comitê ou de uma equipe, a pessoa que tem a opinião mais contrária à minha é aquela que convido imediatamente para almoçar. Porque vou aprender muito com ela."

"Charly e eu somos bem-sucedidos trabalhando juntos porque ele tem um estilo específico que desenvolveu nas grandes corporações. Eu tive pequenos negócios. Trabalhei com grandes corporações, mas você precisa adotar um estilo totalmente diferente quando trabalha com 15 empresas distintas e uma equipe pequena. Sendo assim, acredito que essa combinação foi realmente uma vantagem para o trabalho que estamos desenvolvendo globalmente com comunidades, especialmente em áreas rurais."

Estes parceiros buscam pessoas que sejam "reflexivas, mas não paralisadas pela análise – pessoas voltadas para a ação". Lisa também ressaltou que equipes boas são formadas por pessoas "dispostas à vulnerabilidade, que se sintam bem com esta condição e queiram aprender com isso".

Selecionar pessoas com senso de identidade, que buscam "uma trajetória pessoal", é um exercício importante para montar qualquer equipe, aconselhou a dupla, e respeito próprio e mútuo devem ser o alicerce de uma equipe forte, capaz e diversificada. Esses são os princípios da construção bem-sucedida de equipes, segundo Lisa e Charly.

8

Perseverança

Setembro de 2007 a Maio de 2008

Logo que minha missão começou a ganhar impulso, todos os elementos estavam em seus lugares. A equipe estava montada? Sim. Tínhamos um excelente grupo de alpinistas motivados prontos para partir. Foi contratado um gerente de projeto? Sim. Tínhamos a bordo o excelente Steve Ballantyne. Uma equipe de planejamento altamente competente estava montada? Sim. Agora precisávamos de uma agência especializada que nos ajudasse a escalar a montanha. Esta decisão é crítica.

Esta agência teria de cuidar da logística de nosso transporte e de nossa bagagem durante todo o percurso, da montagem das barracas e de nossa alimentação. Depois de muita pesquisa, identificamos a Alpine Ascents International (AAI) como sendo uma das melhores agências para esse tipo de expedição no mundo. Geralmente, o problema de escolher a melhor é o custo; a AAI fez um considerável desconto em seu orçamento em vista de nosso objetivo filantrópico, mas mesmo assim ainda era muito caro. Estávamos tentados a procurar outro prestador mais em conta, e Steve conhecia um em que confiava. Essa agência alternativa era consideravelmente mais barata – sua proposta cortava cerca de um terço do custo da AAI. Somando a diferença de preço com a opinião experiente de Steve de que esta era uma empresa sólida, segura e competente, tomar esta decisão tornou-se realmente um dilema.

De minha experiência empresarial, sei bem que geralmente é necessário apostar, assumir um risco calculado que você espera que será compensador no longo prazo. Vista sob este ângulo, a proposta concorrente era bastante tentadora. No entanto, vista sob a lente do que era mais importante sobre a expedição (o fato de que seria uma aventura perigosa sob todos os ângulos), a resposta não era óbvia. A despeito do respaldo de Steve, no final não consegui endossar a opção mais em conta. Não poderíamos, sob hipótese alguma, permitir que o grupo fosse exposto a perigos desnecessários. Tendo isso em mente, fiquei com a AAI, uma agência excepcional com um histórico comprovado de expedições na Tanzânia assim como credenciais de plena segurança. A AAI tinha sólidos 20 anos de atividade, e nunca perdeu um alpinista. Simplesmente teríamos de encontrar uma maneira de arrecadar fundos para poder pagar por este nível de experiência.

E havia a questão de como registrar nossas experiências na montanha. Produzir um documentário em longa-metragem era a melhor opção, decidi. A montanha era muito grande para um álbum de fotografias ou uma filmagem amadora. Precisávamos de um registro de tudo que acontecesse na jornada – dos altos e baixos que experimentaríamos, da camaradagem, da crescente excitação dando lugar à alegria que sentiríamos ao chegar ao pico.

Queria que o público tivesse no filme um registro da verdadeira natureza da montanha e de como a expedição contrastava profundamente com a maioria das facetas do mundo moderno. Além disso, documentários no formato longa-metragem estavam ganhando popularidade. Michael Moore e Nick Broomfield eram nomes bastante conhecidos. Talvez a comercialização do filme e patrocínios ajudariam a levantar os fundos que faltavam para a expedição.

O documentário, conforme idealizei, revelaria algo sobre o espírito humano escondido por trás do mundo moderno dos torpedos e dos satélites, algo essencial sobre o poder da natureza e a força necessária para que um grupo de humanos vencesse este poder. Mostraria nosso pessoal, com ou sem necessidades especiais, desfrutando da viagem, batalhando e, idealmente, superando todas as adversidades até o topo. Afinal, é disso que trata a condição humana em seu cerne. É essa coragem que cada pessoa deve reunir para ser humana, independentemente das dificuldades ou qualidades que possui. A expedição e seu documentário mostrariam esta história – revelando essas pessoas incríveis enfrentando não só a montanha externa, mas também sua montanha conquistada.

Fomos rapidamente buscar um diretor de cinema, um profissional de verdade, que fizesse *jus* ao que estávamos prestes a realizar. Agora me sentia confiante de que tinha comigo um núcleo de equipe nota 10: um gerente de projeto experiente, um consultor de mídia proeminente, um excelente médico, um produtor de TV multimídia e um diretor de cinema altamente aclamado. Este último era um produtor experiente que trabalhou para diversas redes, incluindo a BBC. Pareciam restar apenas uns poucos obstáculos para nossa empreitada, embora não fossem pequenos: preparar os membros da equipe para o condicionamento físico exigido pela escalada, e de algum modo, adquirir os equipamentos necessários para chegarmos ao topo da montanha.

Lembrei-me de minha experiência nas escarpas do Kilimanjaro anos antes. O sol não brilhou para nós naquela época e não podíamos contar com isso agora também. As condições poderiam ser duras. Eu mantinha-me firme em minha insistência de que, ao contrário de nossa experiência anterior na montanha, esta ofereceria verdadeira transparência. Todos deveriam ser informados sobre os problemas e desafios antes e durante a escalada. Precisávamos estar preparados – tanto física quanto emocionalmente.

Asseguramos que todos os alpinistas recebessem um guia detalhado contendo conselhos sobre equipamentos, sobre o que esperar e como se preparar. A questão de como equipar nossos alpinistas com o tipo de roupa e acessórios certos estava me tirando o sono. Lembrei-me das roupas encharcadas na mochila na minha viagem ao Kilimanjaro e da ansiedade de tentar manter uma muda de roupa seca à mão. Eu estava decidida a não deixar que meus alpinistas não experimentassem a mesma falta de conhecimento. Precisamos de patrocinadores, refleti, que possam proporcionar as melhores roupas e acessórios possíveis para a equipe.

Nossa fada madrinha acabou sendo a Blacks, uma fabricante de roupas e acessórios para atividades ao ar livre. A empresa concordou em fornecer um kit completo: botas, capas de chuva, jaquetas, calças, mochilas e tudo o mais. Estaríamos suficientemente equipados neste sentido. Uma outra grande preocupação era atrair patrocinadores corporativos. A Camco International juntou-se a nós, oferecendo os recursos financeiros tão necessários e patrocínio a um dos alpinistas. A Camco é líder global em soluções para mudanças climáticas, cujo fundador, Dr. Jeff Kenna, chegou ao pico da montanha há cerca de 30 anos, quando o cume ainda era totalmente coberto por gelo e neve.

Por fim, havia o treinamento. Steve Ballantyne conduziu uma série de finais de semanas de instrução que incluíram todos os tipos de testes físicos e mentais e técnicas de preparação. Mas também era necessário treinamento emocional e psicológico. Em minha primeira viagem ao Kilimanjaro, constatei em primeira mão que preparo físico e estabilidade mental eram apenas requisitos básicos para escalar aquela montanha. Descobri então que nosso corpo encontra reservas de energia e determinação, movidas por adrenalina, que vêm à tona quando se mais precisa delas. A preparação emocional era igualmente vital.

Abordamos este passo importante explicando a todos os alpinistas tanto os riscos quanto as recompensas de nossa aventura. Procuramos abrir seus olhos para todos os riscos e eventualidades imagináveis. Obviamente, não podíamos especificar o inesperado e o imprevisto, mas Steve e sua equipe enumeraram detalhadamente cada exigência que sabiam que a montanha faria de nós. Todos precisavam saber o quanto sério e perigoso isso poderia ser.

Ainda igualmente importante, Steve assegurou que houvesse uma aspecto motivacional no treinamento. Cada alpinista precisaria entender que não só haveria dificuldades, mas também que retornar antes de alcançar o topo poderia ser uma necessidade e que isso não representava um fracasso. Ele ressaltou a importância da equipe como um todo – como nos ajudaríamos mutuamente, escalando juntos como um grupo, não como indivíduos independentes. Steve enfatizou continuamente que não havia garantias de que chegaríamos ao pico. Membros mais debilitados talvez precisassem voltar para permitir que os mais fortes continuassem, ou alguns membros mais fortes talvez precisassem voltar para ajudar seus companheiros mais fracos em sua descida. Aquilo que beneficiasse o grupo como um todo é o que determinaria como e se alcançaríamos o topo.

Marcamos a viagem para julho de 2008. Conforme o preparo físico de nossos alpinistas aumentava, o mesmo acontecia com sua confiança. Relembrando minha viagem prévia ao topo do Monte Meru, achei que um teste prático se fazia necessário. Steve conduziu todos nossos alpinistas numa expedição bem-sucedida ao pico do Monte Snowdown – a montanha mais alta do país de Gales com 1085m de altitude, embora apenas uma fração dos 6.000 metros do Kilimanjaro. Mesmo assim, foi um enorme marco. Sabíamos que era possível conseguirmos.

Nossos alpinistas novatos ficaram exultantes com seu sucesso e até mesmo eu me permiti um cauteloso sabor do triunfo. Havia ainda um longo caminho a percorrer, mas desta vez, se não alcançássemos o topo, ao menos não seria por falta de planejamento e preparo.

LIÇÃO DE LIDERANÇA Nº 8: QUALIDADE

Provavelmente você já ouviu o antigo ditado o "ótimo é inimigo do bom". O crédito à tradução deste sentimento em palavras é dado a Voltaire, mas a filosofia por trás disso é antiquíssima. Ser bom o suficiente também é o suficiente para parar um grande líder em potencial no meio do caminho. A tentação de desistir é compreensível – se todo mundo diz que você está se saindo muito bem em algo, por que mexer em algo que vai bem?

Este tipo de pensamento é um veneno. Sentir-se satisfeito com uma qualidade mediana ou até mesmo boa – quer isto envolva o desempenho de seus funcionários, ou o seu próprio, ou os produtos que você usa ou a vida que você leva – é condenar o sucesso. Thomas Watson, CEO da IBM por muitos anos, expressou isso bem quando advertiu: "Sempre que uma pessoa ou uma empresa decide que o sucesso foi alcançado, o progresso para".

Esta é uma lição que você já deveria saber intuitivamente. Quantas vezes em sua experiência você já viu o "bom" destruir o "ótimo", pessoalmente ou na empresa? Se você comprometer a qualidade, mesmo em tempos de dificuldades econômicas, vai pagar por isso – se não agora, mais tarde. A tendência rumo à mediocridade pode ser imperceptível a princípio, mas geralmente é tolerando as pequenas coisas que nos distanciamos da excelência. O Rei Salomão advertia seus súditos dizendo "Apanhai as raposas, as pequenas raposas que destroem as vinhas".

Não Comprometa a Qualidade

Rumar para a mediocridade – aceitando o "bom" quando o "ótimo" estava ao alcance – é exatamente o que eu quero dizer por comprometer a qualidade. Às vezes o fenômeno é sutil e difícil de identificar. Preste atenção nas coisas pequenas que comprometem a qualidade. Não permita que elas aconteçam. A meta é a excelência.

A qualidade pode ser encontrada nos lugares mais incomuns. Quando eu e meu marido estivemos em Mumbai, fiquei surpresa com os *dabbawalas*. Sua eficiência em logística e gestão é digna de nota. Segundo a revista *The Economist*, o rei guerreiro que derrotou os Mongóis e fundou o Império Maratha na Índia ocidental no século XVII, Shivaji

Bhosle, é lembrado tanto como gênio estrategista quanto como governante benevolente.

Os descendentes diretos de seus soldados da casta Malva também estão ganhando reputação por excelência organizacional. Usando um sistema elaborado de caixas codificadas por cores e letras para transportar mais de 170 mil refeições a seus destinos diariamente, o batalhão de 5 mil *dabbawalas*, analfabetos em sua maioria, conquistou sua extraordinária reputação pela velocidade e precisão de suas entregas. Relatos de sua eficiência legendária e logística praticamente infalível agora estão se disseminando pelo rarefeito mundo da consultoria de gestão administrativa. Impressionados pelo baixíssimo índice de erro dos *dabdawalas,* com certificação Seis Sigma – da ordem de um erro a cada seis milhões de entregas – gurus da administração e altos executivos estão fazendo fila para saber como os *dabbawalas* conseguem isso. O sistema desenvolvido por eles ao longo dos anos baseia-se num trabalho em grupo consistente e no gerenciamento estrito do tempo. Todos os dias às 9 da manhã, refeições caseiras são retiradas em caixas especiais e levadas em carrinhos de mão até a estação de trem. As caixas então são transportadas por trem até uma estação de descarga. Lá, elas são reorganizadas de tal modo que aquelas destinadas a endereços semelhantes, indicados por um sistema de cores e letras, vão para um mesmo carrinho de entrega. As refeições são então entregues – 99,99% das vezes no endereço certo.

É óbvio que nada, nem ninguém, pode distrair os *dabbawalas* durante seu trabalho. Pediram-nos para observá-los em silêncio e não atrapalhar sua movimentação. Quando Sua Majestade o Príncipe de Gales quis ver o trabalho dos *dabbawalas*, foi informado de que eles não poderiam gastar mais de 30 minutos para cumprimentá-lo. A obrigação de entregar as refeições era mais importante para eles do que encontrar visitantes da realeza.

A Harvard Business School produziu um estudo de caso sobre os *dabbawalas*, exortando seus alunos a aprenderem com a organização, que se baseia totalmente no empenho humano e não emprega tecnologias de ponta. Para Paul Goodman, professor de psicologia organizacional da Universidade Carnegie Mellon que produziu um documentário sobre o assunto, este é um dos aspectos críticos da atratividade dos *dabbawalas* para os pensadores ocidentais sobre gestão. "Em grande parte, nosso ensino sobre negócios diz respeito a modelos analíticos, tecnologia e práticas eficientes", afirma ele. Goodman observa que os *dabbawalas*, por outro lado, "estão mais focados na engenhosidade humana e social."

Vivemos segundo a máxima: "Você recebe o quanto paga", supondo que, por definição, alta qualidade sai mais caro. Durante meus anos como diretor administrativo de empresas financeiras estruturadas, aprendi que usar consultores altamente qualificados nos permitia conduzir transações mais rápida e economicamente. Por exemplo, os escritórios de advocacia que usávamos geralmente cobravam um valor por hora mais caro, mas o valor total de um serviço era menor do que se escolhêssemos advogados sem o mesmo nível de competência.

O verdadeiro perigo de não se comprometer com a qualidade – com a excelência no sentido maior da palavra – é a apatia. Após trabalhar duro num projeto ou num objetivo de vida, é muito fácil ficarmos cansados e apáticos. Torne um hábito rever suas escolhas, atentar para sinais de apatia e descaso e mude o curso rapidamente se necessário.

David Courpasson, da Fuqua School of Business da Duke University, estudou a fundo questões como apatia e indiferença no ambiente de trabalho. Ele determinou que líderes e funcionários que não se sentem empoderados, podem facilmente entrar num estado de apatia – começam a achar que não são importantes para ninguém.

Quando seu foco for fazer escolhas tendo como base a excelência, lembre-se de que aqueles que você lidera também estão o observando. Faça com que saibam que excelência e uma atitude de comprometimento com a qualidade não são apenas palavras de advertência. Mostre a eles que você nunca comprometerá a qualidade nem mesmo nas escolhas mais simples, e esta atitude influenciará a todos da organização cujas vidas você toca direta ou indiretamente. Invista tempo e recursos para optar pelo ótimo em vez do bom – sempre – e você colherá grandes recompensas.

▶ *Uma conversa com* ◀
Martha (Marty) Wikstrom

Martha Wikstrom se considera "uma história de sucesso", uma criança que cresceu numa região de montanhas nevadas e ascendeu até alturas notáveis na indústria da moda e de acessórios de luxo. Atualmente diretora executiva do conglomerado Compagnie Financière Richemont AS, Marty entende bastante de qualidade. Sob todos os aspectos, sua carreira no varejo e no setor de artigos de luxo tem sido muito bem-sucedida, com passagem pela Nordstrom nos Estados Unidos, pela Harrods no Reino Unido e pela Kurt Geiger Limited como diretora executiva interina.

Conheço Marty há anos, e tudo sobre ela transpira atenção aos detalhes e um senso persistente de qualidade, como você verá. Embora ela administre uma das mais exclusivas marcas de luxo, é uma pessoa reservada, discreta, com grande percepção.

Marty entrou na Nordstrom como vendedora. "Na época," ela disse, "a Nordstrom era uma empresa com receita de US$250 milhões e fui trabalhar no lugar com a menor probabilidade possível de se alcançar o sucesso no mundo da moda, que era Salt Lake City. E 19 anos mais tarde eu era a presidente de uma organização de capital aberto avaliada em US$6,5 bilhões", ela me disse. "É uma excelente história americana de sucesso." Mas a Nordstrom, Marty disse, era uma empresa que valorizava os talentos internos, que compartilhavam dos mesmos valores que ela e onde ela se encaixava naturalmente.

"Qualidade significa tudo para mim. Desde muito cedo, meu pai costumava me dizer, a qualidade continua vívida muito tempo depois que o preço foi esquecido", ela me disse. "Vivemos numa cultura tão descartável. 'Posso comprar isso. Posso comprar aquilo.' Por que não comprar uma torradeira excelente para não ter de comprar 10? Penso também que a cultura popular passou por um período em que ninguém queria as coisas dos avós ou dos pais. Todos queriam isso novo ou aquilo novo." Esta atitude, disse Marty, era oposta àquela de "valorizar a qualidade".

"Ainda me lembro de meu pai, ao final de um dia esquiando, domingo à noite, passando graxa em nossas botas de esqui, porque era importante. Lembro-me do senso de orgulho e de cuidado que tínhamos com certas coisas. Nunca quis ter muitas coisas. Eu queria coisas boas. Eu gostava de coisas que duravam. Gosto do estilo clássico e de coisas que resistem à passagem do tempo. E este provavelmente é um valor que remonta minha infância."

Investir em qualidade não significa apenas escolher coisas de alta qualidade. Pode significar também escolher pessoas de alta qualidade. Marty está sempre à procura de pessoas que sejam a "matéria prima certa", pessoas que vão à luta tenham vontade ou não, e pessoas com "empatia". "Não posso ensinar as pessoas a se levantarem, não posso ensiná-las a se pentearem, não posso ensinar as pessoas a terem interesse e curiosidade e certamente não posso ensiná-las a terem princípios éticos. Isso vem da criação. Isso vem de dentro. Isso é sua montanha conquistada, e elas escalaram esta montanha e chegaram ao platô antes de baterem a minha porta."

As melhores empresas e os melhores líderes, disse Marty, sabem que isso "não diz respeito ao lucro trimestral. Diz respeito a investir em pessoas que estão investindo a si na empresa."

Os líderes às vezes fazem uma economia insensata quando se trata de pessoas, bens e serviços de alta qualidade por causa de pressões financeiras. Quando conversamos sobre a tirania do lucro trimestral, Marty mostrou ter um ponto de vista muito forte. "Prevalece a pressão sobre o CEO para gerar um certo número, em vez de se concentrar em gerir uma empresa com alta integridade no trato com seus consumidores", ela disse. "Isso parece estar virando rotina. E estamos sacrificando a qualidade por ganhos de curto prazo, sem dar muita atenção para o próximo ano, a próxima geração ou o mundo que estamos deixando para o futuro. Quando se está comprometido em causar um impacto – investir no médio e no longo prazo – então se trabalha visando ao crescimento e à qualidade."

Para Marty, o valor não está apenas nas marcas de luxo que ela gerencia, mas nas decisões tomadas na sala da diretoria para proteger essas marcas. "Na verdade, atribuo grande parte do valor à diretoria." Durante a recente crise econômica, a Richmond apresentou resultados muito saudáveis, uma prova da qualidade de suas marcas e de sua gerência. A empresa tomou os cuidados para ter um demonstrativo de resultados sólido e não precisar fazer cortes de funcionários. "Dos vários produtos maravilhosos criados em nossas oficinas, alguns datam da época da Grande Depressão, porque o que nossos artesãos tinham em mãos era tempo... Então algumas das coisas que são completamente mágicas na Cartier e completamente mágicas na Van Cleef & Arpels além de algumas de nossas outras marcas foram desenvolvidas quando as pessoas tinham tempo." Usar o tempo de seu pessoal com eficiência é uma das características de Marty.

Além disso, o compromisso com a qualidade deve estar visível e incorporado ao DNA da empresa. "Acho que buscar a excelência, não importa a abordagem usada, seja Seis Sigma ou outra, é realmente importante, e tudo aquilo que você mensura fica melhor."

Marty é uma executiva comprometida com a qualidade; ela não faz uso de atalhos, pensa no longo prazo numa época em que a maioria de seus pares pensa no resultado do próximo trimestre e investe em pessoas. Resumindo, Marty é uma líder que procura sempre aprender, ganhar e oferecer algo de qualidade.

9

Enfrentando o Inesperado

Janeiro de 2008

Eu devia ter visto que algo vinha pela frente, mas não vi. Nos negócios, eu estava acostumada a problemas surgindo inesperadamente. Apenas seis meses antes de nossa partida, enfrentei o primeiro revés inesperado: nosso diretor de cinema cancelou sua participação em virutde de problemas pessoais.

Foi uma grande bomba. Encontrar um diretor comprometido e talentoso era vital para mim. O documentário era mais do que simplesmente uma recordação – era uma promoção para a Enham e, financeiramente, seu sucesso poderia bancar nossa expedição com a receita da bilheteria. Além disso, a doação dos equipamentos feita pela Black ocorreu em grande parte por causa da nossa promessa de exibir seu material no filme. Encontrar um substituto com tão pouco tempo seria difícil. Isso subiu rapidamente para o topo da lista de desafios.

Hans conseguiu encontrar um diretor de cinema ainda pouco conhecido, mas em ascensão, Kyle Portbury, e o recrutou para o trabalho. Após explicarmos o projeto, Kyle, um australiano animado, entusiasmou-se com a ideia e subiu a bordo. Ele nunca havia filmado um documentário, mas o que lhe faltava em experiência ele possuía em coragem, criatividade e contatos. Kyle nos ajudou a conseguir que o famoso compositor britânico para cinema, Michael Price, escrevesse a trilha sonora do filme. Além disso, ele identificou os três melhores cinegrafistas do mundo e convidou um deles para juntar-se à equipe. Essa pessoa era ninguém menos que o premiado cinegrafista Gordon Brown, que teve a infelicidade de compartilhar seu nome com o impopular primeiro ministro inglês. (Num evento promovido em Londres para arrecadar fundos, mencionei que Gordon Brown iria fazer a escalada conosco e alguém no fundo da sala gritou: "Leve-o com você e o esqueça lá em cima!"). No entanto, nosso Gordon realmente entendia de seu negócio.

Estávamos salvos. Perdemos um diretor, mas em seu lugar acabamos conseguindo uma equipe de produção para o documentário muito mais sólida do que jamais poderíamos esperar. Um alívio se seguiu, mas não durou muito.

Enquanto a equipe do filme estava sendo reunida, fiquei aflita quando descobri que minha base de apoio na Enham estava começando a se desmanchar. A despeito do entusiasmo contínuo de Rod Chamberlain, o conselho começava a duvidar do projeto e parecia estar perdendo a confiança em minha habilidade de levar a cabo esta expedição. Senti-me traída. O conselho havia aprovado nosso projeto unanimemente. Nunca questionei ou tive motivos para questionar seu apoio enquanto selecionava nossos alpinistas, resolvia problemas relativos ao documentário e planejava cada aspecto da viagem. Então o que aconteceu?

A principal preocupação era de ordem financeira. Num cenário econômico recessivo, arrecadar fundos para fins beneficentes estava cada vez mais difícil e pagar pessoas como Steve Ballantyne não parecia mais tão crítico. Havia um sentimento crescente na Enham de que a organização deveria parar de desperdiçar dinheiro num sonho excêntrico, inatingível. De minha experiência empresarial, eu sabia que a melhor maneira de lidar com as pessoas era sendo direta. Explicar as coisas para que elas pudessem entender e prestar atenção em pistas era a melhor maneira de lidar com isso.

Conversei com Rod. Ele continuava confiante no projeto. No entanto, os membros do conselho já não estavam tão certos. Pareceu-me que cometi um erro fatal em deixar de frequentar as reuniões do conselho. Assim que parei de ir, a campanha de descrédito começou a florescer. Como eu não aparecia mais lá regularmente levando informações atualizadas, alguns membros do conselho perderam a confiança. Alguns deles acharam que eu estava tão absorta em meus próprios negócios que não dedicava plena atenção ao projeto do Kilimanjaro. Eles acreditaram inicialmente que eu poderia concretizar o projeto, porque tinham certeza de que eu estava totalmente engajada. Ao sentirem que eu não estava tão envolvida, tornaram-se mais céticos.

Quando cheguei à conclusão das razões do conselho, meu coração afundou. Isso me lembrou de como eu e Hans nos sentimos tropeçando e escorregando montanha abaixo em nossa iniciativa fracassada no Kilimanjaro anos antes. Na época, a montanha parecia como um pesadelo, com perigo ameaçando cada passo. Percebi que esta era a imagem de nosso projeto para os membros do conselho. Eles achavam que estava fora de controle e mal planejado, e que não contava com uma verdadeira liderança.

Eu precisava encontrar uma maneira de convencer os membros do conselho, que haviam perdido a confiança em mim, de que estavam enganados. Eu precisava reinstilar esta confiança na visão. Mas como?

Nos últimos meses, dediquei-me arduamente. Continuando a correr na esteira, treinando incansavelmente para os rigores da montanha, pensei profundamente sobre isso. Enquanto eu treinava e transformava um grupo de improváveis candidatos a alpinistas, inadvertidamente transformei um grupo de apoiadores entusiasmados da Enham em oponentes desconfiados e até mesmo pungentes. Não era suficiente, ao que parecia, ter uma visão e manter os olhos fixos no alvo. Deixei de reforçar esta visão para os membros do conselho da Enham. Os conselheiros fariam perguntas, é claro. Eu sabia que estávamos fazendo progresso com nossos dois patrocinadores nacionais e nosso grupo de alpinistas. Evidentemente, os conselheiros não.

Portanto, em meio a todas as outras crescentes ansiedades conforme a hora de nossa expedição se aproximava, colocar o conselho de volta nos trilhos era outro desafio inesperado.

Lição de liderança nº 9: O inesperado

Parece chavão (e é), mas esperar pelo inesperado é uma atitude imperativa para todo executivo que gerencia uma equipe, dirige uma empresa, ou está a caminho do topo.

Será que as coisas realmente acontecem como esperamos? Podemos planejar para contingências. Podemos tentar evitar fracassos. Mas como o Zé Colmeia famosamente (e comicamente) disse: "A coisa mais difícil de prever é o futuro". Quem sabe com que surpresas (positivas ou negativas) você vai se deparar amanhã, ou depois de amanhã? A única certeza que temos é que o futuro irá nos surpreender. Seu ramo de atividade pode surpreendê-lo. Aquela visão do mundo que você tanto nutre pode mudar irrevogavelmente se uma grande surpresa acontecer. Pergunte isso a qualquer pessoa que testemunhou o atentado terrorista de 11 de setembro em Nova York ou, por outro lado, àqueles que repentina e inesperadamente se viram ricos quando sua pequena empresa iniciante acabou sendo comprada pelo Google.

O futuro diz respeito a surpresas. Esperar por elas é parte da batalha. Estar pronto para o inesperado é a outra parte. Mas como você pode estar pronto para algo que não consegue ver se aproximando?

A primeira coisa a fazer é se desprender do ontem ou mesmo de uma hora atrás – às vezes chamado de viés de retrospectiva. Nassim Taleb, escritor, matemático e comerciante, é um especialista no que chama de "Black Swan", – cisnes negros – isto é, eventos de grande impacto difíceis de prever.

Na introdução de um artigo que escreveu para a *Edge*, há uma citação de Taleb que diz: "Muito do que acontece na história vem de 'dinâmicas cisne negro', uma anormalidade (*outlier*) muito grande, repentina e totalmente imprevisível... Nossa experiência em prever esses eventos é deplorável; mesmo assim, por um mecanismo chamado de viés de retrospectiva (algo como um efeito 'eu sempre soube...') achamos que os entendemos. Temos um péssimo hábito de encontrar 'leis' na história (relacionando estórias a eventos e detectando falsos padrões); somos motoristas olhando pelo espelho retrovisor, mas convencidos de que estamos olhando para frente."

Incertezas galopantes, como ele as chama, afetam igualmente mercados mundiais e líderes individualmente. Então como lidar com elas? Você precisa estar pronto para a eventualidade de que algo totalmente novo surja em algum momento, favorecendo (ou prejudicando) seu modelo próprio sobre o que esperar a seguir.

Isso também é difícil de fazer se você acaba se afastando muito de sua organização, do projeto ou dos principais tomadores de decisão que podem bancar ou detonar sua empreitada. Para alavancar suas competências e alcançar os resultados desejados, você precisa ser capaz de delegar para as pessoas ao seu redor. No entanto, como líder, você precisa estar preparado para relançar a visão, para lembrar todos os *stakeholders* dos objetivos. Delegar não significa abdicar da responsabilidade. Mantendo-se próximo o bastante de sua equipe e criando uma atmosfera flexível, você pode lidar com o inesperado. Sua equipe pode alertá-lo sobre acontecimentos que você talvez deixe passar.

Preste atenção nos murmúrios, mantendo a mente aberta para mostrar que você está pronto para lidar com qualquer surpresa que o próximo minuto possa lhe reservar, em vez de esmorecer.

Isso também requer um pouco de descontração. Você precisa reconhecer que nem tudo está gravado em pedra, que seus modelos e planos não estão imutavelmente conectados ao futuro, e que é preciso estar pronto para o que der e vier.

> ### Delegue – mas Esteja Pronto para o Inesperado
>
> Às vezes o inesperado acontece e você deixa passar, permitindo que a concorrência absorva uma nova tendência ou tecnologia mais rapidamente. Preste atenção em eventos de mudança. Domine-os antes que eles dominem você. Mas, acima de tudo, esteja pronto. Se existe algo que se pode dizer com certeza sobre o inesperado é que você irá se deparar com ele ao longo de sua carreira. E você deve estar pronto para lidar com ele, para o melhor ou para o pior, quando isso acontecer.

Quando negociei meu pacote de entrada na AIG Financial Products em meados de 2000, a AIG era um titã com uma sólida classificação AAA, apresentando papéis estáveis com potencial de valorização que os gestores de ativos queriam ter em seus portfólios. A empresa apresentava uma trajetória consistente de crescimento de 15% ao ano, isso ano após ano. Hank Greenberg, o infatigável presidente e diretor executivo da empresa, era um ícone no setor de seguros e outros. Quem poderia imaginar que oito anos mais tarde, a AIG precisaria receber uma injeção de recursos do governo federal para não quebrar?

Nunca me esquecerei daquela negociação em 2000. Eu havia recebido outra proposta de um banco de investimentos que estava preparado para me pagar bônus garantidos duas vezes maiores que a AIG estava disposta a me oferecer. Mesmo assim, achei que a AIG era uma organização melhor. O que realmente me preocupava era o fato de que uma parte considerável de meus bônus seriam postergados e tratados como passivos subordinados, não garantidos, da AIG Financial Products, um risco com o qual eu não me sentia confortável. Quando mencionei minha preocupação, meu futuro chefe riu. "Esta é a AIG, Herta.

É pegar ou largar." Decidi pegar, mas acabei tendo que largar parte dela. O que aconteceu por fim parecia altamente improvável quando me juntei à empresa. Felizmente, meu marido e eu havíamos decidido desde o início de nosso casamento viver dentro de nossas posses. Quando perdi parte de meus bônus postergados, como resultado do prejuízo da AIG, isso representou um considerável revés financeiro, mas conseguimos nos reequilibrar.

Por mais doloroso que seja, o inesperado sempre ensina novas lições. Como o filósofo da antiguidade Heráclito disse, "Se você não esperar pelo inesperado, não o encontrará; pois ele não pode ser atingido pela busca ou por um caminho". É uma argumentação notável.

▶ *Uma conversa com* ◀
SAM CHISHOLM

Um dos executivos de mídia mais famosos da Austrália, Sam Chisholm criou impérios para proeminentes magnatas da mídia Kery Packer e Rupert Murdoch. Sam foi diretor executivo do Channel Nine Austrália e da British Sky Broadcasting (Sky), que ele transformou numa das principais operadoras de TV por satélite do mundo com ações negociadas tanto na Bolsa de Valores americana quanto na londrina.

Sam está acostumado a tomar decisões difíceis necessárias para recuperar empresas deficitárias. Em 1999 quando ele assumiu o comando da Sky, uma rede de TV por satélite paga, a empresa perdia £2 milhões por semana. Ele fundiu a Sky com sua rival, a British Satellite Broadcasting, que perdia £8 milhões por semana, mas possuía uma licença de transmissão cobiçada no Reino Unido. Atualmente, a Sky tem 10 milhões de assinantes, é assistida por mais de 25 milhões de telespectadores – 39% do público britânico – e seu valor de mercado é de £14,5 bilhões.

Homem reservado, que entende melhor do que muitos o valor da mídia e seu poder, Sam reluta em dar entrevistas.

No entanto, ele conhece bem a arte de delegar ou de lidar com o altamente inesperado, tanto no trabalho quanto na vida pessoal. Sam continua vivo hoje porque um transplante duplo de pulmão lhe deu uma nova oportunidade. Fiquei feliz em poder conversar com ele, que estava em sua fazenda de gado na Austrália.

"Quando assumi o trabalho na Sky, sabia que seria difícil. A Sky estava declinando, e precisávamos expandir, então nos juntamos com a BSB." O acordo chocou o setor. Apenas dois executivos permaneceram depois que Sam foi forçado a fazer uma seleção e corte do pessoal da BSB para estancar a hemorragia de despesas do império conjunto. Isso lhe rendeu o título de "o grande algoz", mas foi esta ação drástica, combinada com decisões corajosas de programação, que salvaram BSkyB.

"Estávamos nadando contra a correnteza – as pessoas não queriam pagar para assistir TV. Tínhamos de encontrar algo diferente. Tínhamos de dar às pessoas uma razão para comprar, tornar nosso produto um objeto de desejo." A resposta foi Filmes e Esportes. Sam foi a Hollywood e renegociou pacotes diretamente com os estúdios, garantindo que a Sky fosse a primeira a ter o direito de exibição de todos os filmes campeões de bilheteria, com um desconto significativo. Percebendo o quanto o futebol era importante para a cultura britânica, ele então foi atrás de obter a exclusividade de transmissão do campeonato Premier League. Mas Sam não tinha dinheiro ou influencia para ser levado a sério, portanto, fez algo imprevisível – uma parceria com a BBC. Era uma combinação vencedora, visto que a BBC detinha um tempo de transmissão suficiente apenas para exibir os melhores momentos dos jogos enquanto que a Sky possuía diversos canais que precisavam de programação. A parceria resultante assegurou a cobertura dos jogos regionais assim como das principais partidas do campeonato.

A mesma fórmula invencível dos Filmes e Esportes foi aperfeiçoada por Sam durante os 15 anos de seu reinado no Channel Nine – o canal líder de audiência da Austrália. No entanto, um evento inesperado ameaçou abalar os pilares do sucesso do canal quando descobriram que seu arquirrival tinha garantido os direitos de exclusividade de transmissão dos jogos da Liga de Rúgbi bem debaixo de seu nariz."Era tarde demais, o acordo já estava fechado, não havia mais nada que pudéssemos fazer", disse Chisholm.

"Convoquei uma reunião com meus altos executivos e chegamos à conclusão de que precisávamos fazer algo diferente. Era preciso aceitar que tínhamos perdido os direitos. Mas o que poderíamos fazer para manter a audiência? Foi então que surgiu uma ideia bizarra: O que manteria os espectadores nos assistindo, ao que mais eles seriam leais além do time pelo qual torciam?" Foi criado um campeonato estadual, o State of Origin Matches, que acabou se tornando um sucesso de programação. Além da lealdade de uma pessoa a seu time, havia a lealdade a seu estado, e o New South Wales e o Queensland eram velhos rivais na Liga de Rúgbi. A equipe do Nine partiu para a criação de um grande evento de liga. Em menos de um mês, eles negociaram, planejaram e promoveram os jogos com ingressos esgotados. O canal continuou líder de audiência.

"A única coisa que é certa na mídia é a mudança", disse Sam. "Se você fica parado, está andando para trás! Estamos passando por uma revolução tecnológica que se equipara apenas à Revolução Industrial no final do século passado. As empresas precisam estar à frente das tendências; elas precisam de novos softwares, novas razões para comprar.

As coisas não mudam de repente; existe uma boa previsibilidade. Você precisa saber o que está fazendo passo a passo, detalhadamente. Como líder, você precisa criar um cenário em que não existam coisas surgindo do nada. A pessoa que vence é aquela que comete menos erros. Tente reduzir o fator erro."

"Contrate pessoas melhores que você. Você deve ser o maestro da orquestra. Deixe que seus músicos façam o que sabem. Não tente tocar o piano melhor que seu virtuose. Essas pessoas têm habilidades singulares. Crie uma equipe vencedora, uma equipe de campeões."

Um ex-executivo, que se reportava diretamente a Sam, disse: "Nunca trabalhei com ninguém melhor em delegar e lidar com problemas que teriam derrubado alguém menos importante". Sam disse que estava bem posicionado para delegar e tomar decisões duras porque contava com "o apoio incondicional de Rupert Murdoch".

Delegar não é simplesmente designar atribuições aos outros. Delegar é dar poder aos outros – onde os funcionários sentem autonomia para trazer novas ideias e não temem que ela fracasse. "Se você dá algo para uma pessoa fazer, ela nem sempre entende direito. E uma das coisas que você deve fazer quando está trabalhando com outras pessoas é estar preparado para apoiá-las se estiverem erradas. Você não deve perder a confiança nelas. Todo mundo comete erros."

No entanto, delegar não significa se eximir da responsabilidade. "Quando você é o chefe, a responsabilidade acaba nas suas mãos", ele disse. Ao delegar ou preparar-se para o inesperado, todo executivo precisa estar pronto, até mesmo para aceitar que pode sentir alguma insegurança no topo. "Se você falhar, provavelmente vai ser executado e perderá suas opções de ações. A coisa mais importante a vencer é sua própria insegurança. Você sabe, ser um diretor executivo é bastante solitário. Você tem uma responsabilidade. As pessoas contam com você para fazer a empresa funcionar e crescer. Você é quem é cobrado. Não é algo para levar na brincadeira", ele acrescentou. É muito bom quando tudo está dando certo... mas ser chefe é um negócio de alto risco. A insegurança é um fator, é uma constante.

Neste momento de sua vida, Sam vê a mídia como "espectador". Quando não está em sua fazenda ou levando junto com sua esposa, Sue, seu cachorro Wilson para passear, está envolvido em iniciativas filantrópicas. Sam foi nomeado pelo ex-primeiro ministro Kevin Rudd para presidir o conselho da Australian Organ and Transplant Advisory Authority e é também presidente da Chris O'Brien Lifehouse – um centro de excelência australiano de pesquisa e tratamento do câncer. Dirigir uma organização sem fins lucrativos requer uma abordagem diferente. "Assim como um general, você não pode escolher sua equipe, mas ao contrário do mundo empresarial, onde a maioria das pessoas está preocupada com interesses próprios, todos no mundo filantrópico estão envolvidos porque querem fazer o bem. O desafio é reunir esta boa vontade e criar uma equipe forte", ele disse. "Como presidente, estou lá para orientar e apoiar o diretor executivo e o conselho."

Por fim, Sam disse que aprendeu a esperar pelo inesperado: nem tudo acontece conforme prometido ou planejado. "Existem tantas variáveis imponderáveis", ele disse. O importante não é gastar todo seu tempo remoendo sobre o que não funcionou, mas "concentrar-se no que funciona".

10

Apostando Tudo

Março de 2008

Pensar que a expedição poderia estar arruinada depois de tanta preparação e empolgação era tormento puro. Isso estava acabando comigo. Se não tivéssemos apoio total do conselho da Enham, eu seria forçada a cancelar e dizer aos membros de minha equipe que eu havia falhado com eles. Todo aquele planejamento teria sido em vão.

No entanto, eu não ia perder sem brigar. Hans calmamente me lembrou de algo que eu sempre dizia antes de negociações: esteja preparado para desistir. Você não pode manter o consenso numa empresa só pela força de caráter. Isto era exatamente o que eu precisava ouvir. Como sempre, Hans me lembrava das coisas perfeitas quando eu mais precisava ouvi-las.

Mas eu estava irritada. Depois de tantos meses de dificuldades e esforços, nosso projeto estava num estado de ameaça constante. Não tínhamos liberdade de manobra porque, a qualquer momento, a Enham poderia puxar nosso tapete. Estávamos encurralados. Eu teria de forçar uma decisão de meus críticos.

Já estava claro que a principal objeção do conselho era o custo. Na visão deles, olhando de fora, nosso projeto estava potencialmente usando uma vultosa quantia de recursos filantrópicos para nada mais do que satisfazer um prazer pessoal. A seu ver, nossa missão certamente não oferecia nenhum valor significativo. Eu precisava convencer o conselho da Enham de que existia um benefício palpável no que estávamos fazendo.

Decidi tratar a questão do dinheiro escrevendo uma carta tanto para o presidente quanto para o diretor executivo da Enham, relembrando a visão original do projeto, como e por que ela se encaixava perfeitamente na missão da Enham de liberar o potencial das pessoas. Em seguida, provei meu compromisso. Disse a eles que Hans e eu bancaríamos o documentário. Se a renda alcançada não cobrisse os gastos da Enham, nós completaríamos o que faltasse. Dessa forma, a Enham teria um retorno se o filme fosse sucesso de bilheteria. Se não fosse, a Enham continuaria garantida, sem arriscar ficar de bolso vazio.

Então, disse com todas as letras: ou batalharíamos juntos, eles e eu, para garantir o sucesso deste projeto, ou deveríamos abandoná-lo agora. Simples assim. Esperei pela resposta e tentei controlar minhas emoções.

A ligação veio quando Hans e eu estávamos na autoestrada a caminho do aeroporto de Frankfurt. O conselho havia aprovado a proposta.

Analisando a situação mais tarde, vi o que havia feito dar certo. Eu havia apostado todas as fichas objetivamente. Deixei claro que estava disposta a desistir, e, mais importante, tratei diretamente do assunto que mais preocupava a eles: custo. Foi uma lição importante.

Mesmo com a aprovação renovada do conselho, não podíamos nos dar ao luxo de relaxar. Agora precisávamos reavaliar nossa estratégia como um todo e ajustá-la cuidadosamente, buscando melhorias de último minuto. Examinando o projeto, identifiquei duas melhorias importantes que precisávamos fazer.

A primeira era que esta viagem deveria ter um apelo global. Conforme aconteceu apenas alguns poucos meses antes de partirmos para a escalada, eu estava participando de uma conferência da Harvard Women's Leadership Board. Lá encontrei Maha Al Juffali. Ela é *a* voz dos defensores de pessoas com necessidades especiais na Arábia Saudita. Foi realmente algo extraordinário o que aconteceu conosco. Estávamos sentadas num café em Boston, ela tendo chegado de Jedá, Arábia Saudita, e eu de Londres, falando alternadamente em inglês e alemão sobre uma escalada que ocorreria na Tanzânia. Quando lhe contei sobre o projeto patrocinado pela Enham para escalar o Kilimanjaro, seus olhos brilharam de entusiasmo. No espaço de algumas horas ela encontrou dois novos membros para nossa equipe: Ahmed Afranji, um atleta paraolímpico saudita, e seu treinador libanês, Ali Jaafar. Com eles, tínhamos agora uma equipe genuinamente internacional, com membros do Reino Unido, Estados Unidos, Austrália, Canadá, Líbano e Arábia Saudita!

A segunda questão muito importante era a doença da altitude. Frente ao que presenciei no Monte Meru, este problema ainda me incomodava. Agora tínhamos 26 pessoas em nosso grupo, mas apenas um médico, Chris Parsons. Chris é um cirurgião altamente competente, mas não é especialista em medicina de esportes de aventura. Por mais competente e valioso que Chris fosse, eu sabia que precisávamos de mais de um médico para o grupo. Conforme aconteceu, eu estava presidindo uma conferência em saúde e acabara de conhecer um médico, Jack Kreindler. Por acaso, era um médico treinado em montanhismo com grande interesse em desempenho nos esportes. Contei-lhe sobre a ideia por trás da escalada e ele a amou de imediato, inclusive pedindo para trazer mais um médico experiente em montanhismo, Laura Jackson, que tem como hobby correr maratonas em montanhas!

Segurança sempre foi minha maior preocupação e, de repente, tínhamos não um, mas dois dos melhores especialistas em doença aguda de altitude.

Agora estávamos avançando. Tudo estava indo bem. Conforme eu ticava itens da lista, via o sonho lentamente se tornando realidade. Ia acontecer de verdade! A tão esperada oportunidade estava se materializando tão certo quanto a Aura Rosa. A lista de desafios remanescentes estava encolhendo rapidamente, ao que parecia, e logo a equipe inteira estaria se encontrando no aeroporto internacional de Londres.

Lição de liderança nº 10: decisões

Como a antiga canção de Kenny Rogers aconselha, você tem de saber quando manter suas cartas, quando baixá-las e quando deixar o jogo.

É um excelente conselho de jogo, mas difícil de seguir quando se está numa onda de sorte ou de azar. Há sempre aquela sensação (você certamente a conhece se alguma vez já esteve num cassino) de que talvez na próxima rodada a situação possa virar a seu favor ou que sua boa sorte irá durar mais uma jogada ainda. A cidade de Las Vegas foi construída sobre fundações de apostas tolas como esta. As pessoas raramente sabem quando parar e sair.

Nos negócios, saber quando sair é primordial – seja isso decidir contra uma aquisição que no papel criaria sinergias consideráveis, dizer não para uma transação quando o preço está se tornando abusivo, ir embora de um ambiente trabalho doentio ou simplesmente partir para uma atmosfera melhor no geral. O verdadeiro líder precisa estar preparado para sair e saber quando fazer isso. É uma habilidade imprescindível. Sair ou não sair? Na maior parte das vezes, você pode seguir seus instintos. Mas existem outros sinais que não são tão óbvios mas que você pode procurar, sinais que oferecem uma indicação consistente de quando sair.

A seguir estão alguns deles que observei ao longo de minha carreira. Sua empresa está brincando de dança das cadeiras no nível da diretoria executiva ou da diretoria em geral? Isso é sinal ou de discórdia no conselho de administração ou de expectativas praticamente impossíveis. O oposto também pode ser um sinal de alerta: a diretoria atual está muito entrincheirada? O diretor executivo atual está no cargo há décadas sem um plano de sucessão apropriado?

Sua empresa não tem sido bem-sucedida em atrair investidores, seja no grupo econômico amigos-e-família ou no nível de capital de risco? Isso pode ser falta de visão ou de habilidade de apresentação do diretor executivo. Pode ser também que a ideia seja impossível de bancar. Até mesmo o Twitter, uma empresa que sobreviveu durante anos sem um modelo concreto de receita e tinha como base a ideia aparentemente insana de enviar informações com 140 caracteres, conseguiu levantar dinheiro. O garoto Mark Zuckerberg, diretor executivo do Facebook, conseguiu grandes volumes de capital para a empresa, que em sua primeira iteração gerou pouco entusiasmo.

Os clientes estão respondendo? Se tudo o que você ouve é um tom de discagem virtual quando liga, se não está havendo empolgação viral nos sites de mídia social ou se o *feedback* do cliente é uma zona morta, então sua luz de alerta deve estar acesa. Isso não quer dizer que sempre é sábio deixar de lado uma iniciativa que está fracassando, especialmente se você tem o poder ou a posição para examinar o problema e corrigi-lo. Neste caso, permanecer pode ser um incrível passo na carreira. Talvez seja por isso que Michael Korda aconselhou: "Nunca deixe o fracasso de lado. Pelo contrário, estude com cuidado e imaginação seus benefícios ocultos". Tente reverter a situação, e se mais adiante você realmente decidir sair, faça isso de uma posição de força.

Saiba quando Sair

Saber quando sair é algo mais fácil de falar que fazer. Examine suas circunstâncias. Você está numa situação de perda certa? A iniciativa dá mais dor de cabeça do que vale a pena, ou está cheia de personalidades maldosas e encrenqueiras? O custo da posição que você quer manter ou da empresa que quer adquirir é muito alto? Pense demorada e profundamente. Não saia de forma leviana. Mas existem situações em que você deve fechar a porta atrás de si. Saber quando sair é uma habilidade essencial para um verdadeiro líder.

Sair nunca deve ser uma decisão precipitada. A lealdade é importante, e trocar uma empresa por pastagens mais viçosas não deve ser feito com leviandade. Um estudo importante de históricos de carreira examinou os diretores executivos das *500 melhores empresas europeias do Financial Times* e das 500 melhores empresas americanas da Standard & Poor. O estudo mostrou que 25% deles permaneceram na mesma empresa por toda sua carreira. Minha amiga Marty Wickstrom tornou-se presidente da Nordstrom depois de 19 anos na empresa. O poder de permanência é frequentemente recompensado, mas precisa ser balanceado.

Sua força de negociação, como todo comprador de carro sabe, é estar disposto a desistir de um negócio que será melhor se recusado. O crânio por trás do desenho e das tirinhas *Minduim*, Charles Schultz, disse certa vez, "Nenhum problema é tão formidável que você não possa abandoná-lo". No entanto, não abandone uma negociação, uma empresa ou um projeto por incompatibilidade de gênios. Com muita frequência vejo pessoas desistindo porque não conseguem conviver bem com alguma outra pessoa. Isso não é um motivo apropriado, a menos que seja uma questão de princípios. Tente colocar-se no lugar do outro, encontrar algo que tenham em comum e entender as preocupações dessa pessoa.

Às vezes a briga não vale a pena. Como jovem advogada, passei por assédio sexual. O sócio sênior que administrava as contas com as quais eu realmente queria trabalhar estava mais interessado em ter um caso comigo do que me ter na equipe, e quando me recusei, ele decidiu não me dar mais nenhum trabalho. Eu poderia ter processado a empresa, mas decidi que o custo emocional era muito alto.

Líderes bem-sucedidos têm uma habilidade supernatural de escolher cuidadosamente o tipo e o momento apropriado para suas batalhas. Se você decidir desistir, faça isso sob as seguintes condições:

- ▶ Depois de tentar tudo ao seu alcance para mudar a situação.
- ▶ Quando for uma questão de princípios.

▶ Depois que você parou de aprender com a situação e refletiu apropriadamente sobre ela.

▶ Quando você escolheu o momento oportuno para obter a melhor condição possível.

▶ Quando as possíveis consequências negativas não justificam continuar.

▶ Quando você considerou o que viria a seguir e como uma batalha subsequente poderia ser vencida.

▶ Quando você está saindo em posição de força.

Sair de uma determinada situação é no mínimo estressante. Recorrer à listagem acima pode facilitar sua partida e permitir alcançar o resultado desejado.

▶ *Uma conversa com* ◀
Ministro Mohamed Lofti Mansour

Mohamed Mansour, presidente do Mansour Group e ex-ministro dos transportes do Egito, fez parte da elite política e empresarial do Egito durante décadas. Se você encontrar os amigos e conhecidos dele, estará entre as pessoas mais influentes do Norte de África. Ainda assim, ele sabe melhor do que muitos como é ser pego de surpresa em situações difíceis, em que nenhuma das opções disponíveis é fácil.

Enquanto este livro estava sendo escrito, a incerteza assombrava o Egito; as concessionárias GM de Mohamed lá estão fechadas e suas lojas franqueadas do McDonald´s foram saqueadas e incendiadas.

Este certamente não é o primeiro revés na vida deste empresário bem-sucedido e ex-ministro. "Cresci numa família abastada", ele me disse. "Meu pai tinha a segunda maior empresa exportadora de algodão do Egito e naquela época, isso por volta de 1950, o algodão era o principal produto de exportação do país." Quando ele cursava a escola primária, o Egito era uma colônia britânica com um sistema educacional muito bom para quem podia pagar. Um menino muito atlético, Mohamed adorava esportes.

Mas sua vida deu uma guinada drástica e trágica repentinamente. Quando Mohamed tinha apenas 10 anos, foi vítima de um terrível acidente de carro. Como resultado, ele se viu confinado a um leito de hospital e impossibilitado de levar uma vida normal, ativa, de um menino adolescente.

"Eu era um dos bons jogadores de futebol, um centroavante. Bati recordes de natação e atletismo... portanto, o esporte foi uma coisa importante na minha vida até o verão de 1958, quando eu havia acabado de completar 10 anos. Foi um acidente grave. Um carro me atingiu e quebrou minha perna em várias partes." O acidente foi tão grave que o cirurgião recomendou amputá-la, mas Mohamed tinha uma opinião diferente e se recusou a consentir. "Eu disse não, e isso aos 10 anos de idade... Na época eu estava determinado a manter minha perna." Por sorte, Mohamed disse, os médicos conseguiram tratar a infecção. "Fiquei engessado na cama durante três anos, onde não podia nem mesmo dormir de lado; lembro-me de dormir sentado", ele recordou, com o olhar em minha direção mas focado no horizonte.

Como resultado de sua situação, Mohamed se tornou um leitor ávido, informando-se sobre tudo o que acontecia a seu entorno. E se descobriu passando mais tempo com seu pai do que normalmente fazia quando se dedicava ao esporte. Ele me disse que aqueles anos que passou confinado numa cama de hospital "fizeram de mim o homem que sou hoje... Isso foi uma grande experiência de aprendizado sobre valores, negócios, sobre a vida, falar sobre política. Quando se é jovem, essas coisas são incutidas em sua mente e formam você, formam a pessoa que você será".

Este período de confinamento também criou em Mohamed um compadecimento com as dificuldades enfrentadas por pessoas com necessidades especiais e por aquelas menos favorecidas. Como resultado de toda sua experiência com o acidente, Mohamed fundou, presidiu e engajou-se em diversas iniciativas filantrópicas que tinham como objetivo melhorar a qualidade de vida dos outros.

Mohamed se viu em outras situações desafiadoras. A revolução de Nasser, em 1952, tomou a fortuna da família, mas o pai de Mohamed garantiu que seus três filhos conseguissem deixar o Egito. Mohamed estudou nos Estados Unidos. No entanto, uma educação universitária só foi possível por meio de sua disposição em trabalhar como ajudante de garçom e lavador de pratos. "Esta experiência me amadureceu e me moldou mais do que qualquer outra coisa."

Desde a revolução de Nasser, por ter adquirido princípios sólidos, ele permaneceu correto e ponderado durante seus empolgantes dias como ministro dos transportes do Egito, onde foi responsável por 285 mil funcionários.

"Fui convidado a juntar-me ao governo egípcio e me tornar ministro dos transportes. Eu tinha a enorme responsabilidade de reconstruir o sistema de transportes. Isso incluía estradas, pontes, a ferrovia – a segunda ferrovia mais antiga do mundo – incluía o metrô, os portos e o transporte noturno. Transportávamos quatro milhões de pessoas por dia, quatro milhões."

Após quatro anos, ele renunciou a seu cargo no governo depois de um acidente ferroviário que resultou em várias fatalidades. Sua renúncia é muito incomum em países emergentes. Por que ele renunciaria? Soube por conversas que mantivemos que aqui estava um grande batalhador, um homem com forte determinação para atingir um objetivo, alguém que venceu adversidades incríveis e não abandona as coisas levianamente.

"Quando você tem determinação e valores, sempre faz o que acredita ser certo. Acho isso muito importante porque nunca abandonaria um amigo que precisasse de mim."

Mas desta vez era diferente. "Ocorreu um acidente em que 18 pessoas morreram", ele me contou como se tivesse sido ontem. "Uma vaca cruzava os trilhos quando foi atingida por um trem, esta composição parou, mas outro trem que vinha atrás colidiu com aquele parado e as pessoas sentadas no último vagão foram feridas." Mas por que renunciar? Obviamente, acidentes acontecem e o ministro dos transportes não estava conduzindo o trem.

"Achei na época que foi preciso muita coragem para largar tudo", ele disse. "Os ministros egípcios não renunciam; ou são demitidos ou morrem no cargo... Procurei o primeiro ministro e disse-lhe que achava que era hora de eu sair."

Mohamed decidiu dar o passo radical de renunciar por várias razões. Ele contou, "Senti que deveria dar o exemplo – num país como o Egito, com 7 mil anos de história, era preciso ter alguém disposto a assumir a responsabilidade". Segundo, após quatro anos de dedicação a seu país ele estava satisfeito com o que havia alcançado. Terceiro, a mídia no Egito estava ficando hostil, e era uma questão de decidir o que era melhor para sua família. "Sou muito apegado a minha família", ele disse calmamente. "Eu podia ver a dor no rosto de meu filho." Sua família não conseguia entender por que a cobertura da imprensa controlada pelo governo era tão negativa. Onde estava o apoio, a justiça? A incredulidade de seu filho foi como uma apunhalada no coração do pai quando ele pensou alto: "Por acaso é o ministro que conduz o trem? É o ministro que fica parado no cruzamento fechando e abrindo a cancela? Como eles puderam fazer isso com o senhor, pai?" O escrutínio e o ataque público a seu nome foi um fator significativo para sua decisão. "Eu valorizo meu nome; isso é muito importante para mim."

Que conselho Mohamed tem para as pessoas que estão considerando fazer uma mudança? Tenha coragem, uma visão clara e habilidade para examinar suas prioridades. "É preciso ter coragem, seja atuando no governo ou no setor privado, para conseguir dizer: 'É preciso seguir em frente.'" No entanto, você deve seguir em frente se "não houver mais desafios onde está – acredito que o desafio é o combustível, é a energia que faz uma pessoa querer alcançar algo. Se não existir mais desafio numa determinada situação, siga em frente, tenha a confiança de ir adiante e tentar algo diferente, e criar um exemplo para os outros."

Como você pode ver, a remoção de Hosni Mubarak do poder não foi a primeira vez que Mohamed se viu do lado errado da situação, mas ele continua otimista sobre o futuro de seu país a despeito das consideráveis dificuldades que este vem enfrentando. "Este país terá um futuro"; ele tem certeza. E cada um de nós também, ele nos exorta a lembrar. Um "ser humano pode fazer muito, esteja ele na África, na Austrália, no Timbuktu, ou em qualquer outro lugar. É preciso ser um lutador; uma pessoa precisa lutar na vida e lutar por seus valores e sua integridade. Isso pode incluir deixar uma determinada posição, mas as coisas no fim dão certo".

Uma atitude otimista, estar aberto para mudanças e vontade de lutar por seus valores: esses são os fatores-chave da habilidade fenomenal de Mohamed em lidar com a mudança.

11

UM ÚLTIMO OBSTÁCULO

Junho de 2008

ESTÁVAMOS A MENOS DE DUAS SEMANAS da partida para a África. Quando pensei que já tinha lidado com o último obstáculo, eis que surge outro do nada. Alguns amigos do Dr. Jack Kreindler, o médico que participaria da viagem conosco, tinham algo a dizer sobre o assunto. Um deles me escreveu uma carta repleta de críticas. Ele nos advertiu de que a viagem era muito perigosa e que alguém poderia ferir-se gravemente. Sugeriu que devíamos ou cancelar a expedição ou acrescentar mais alguns dias e estendê-la.

A princípio, a carta parecia apresentar um terrível dilema. A questão era que não tínhamos condições de acrescentar mais dias à escalada. Já tínhamos incluído um tempo extra para a aclimatação e simplesmente não dispúnhamos dos recursos financeiros para acrescentar mais dias ainda a nosso itinerário. E eu me sentia segura com os conselhos de meus especialistas, Steve Ballantyne e dos profissionais da Alpine Ascents. Havíamos alcançado um ímpeto incrível, invencível e agora estávamos totalmente preparados para a escalada. E então tenho esta carta nas mãos nos aconselhando a abandonar quase dois anos de planejamento e luta. De repente me pareceu que eu teria de lidar com uma fatalidade se não mudasse drasticamente ou desistisse da expedição.

Resfriada, deprimida, decidi ligar para Jack e pedir sua opinião. E se a carta tivesse sido ideia dele? Meus dedos tremiam enquanto eu discava seu número. Quando ele atendeu, perguntei-lhe "preto no branco" se sabia da carta e se estava envolvido nisso de alguma forma.

Jack não teve pressa em responder. Mas para meu alívio, ele continuava apoiando o projeto.

"Veja, admito que é um tanto controverso", ele disse. "O problema na verdade é o último dia da escalada." Ele me lembrou que, para que o corpo humano tenha tempo de se aclimatar, a distância ideal de escalada vertical por dia é de 500 metros. O planejado era desbravar a montanha gentilmente ao longo de praticamente toda a escalada, mas por necessidade, nossos planos nos fizeram escalar uma trilha final de mil metros até o pico – num esforço concentrado até o topo.

"E é esta a razão por que estamos levando três médicos," Jack disse firmemente, lembrando-me de que estávamos oferecendo um acompanhamento médico minucioso. "No minuto em que alguém mostrar sinais de doença da altitude, iremos agir. Se isso significar mandar a pessoa e seu companheiro de volta, que assim seja." Não permitiremos que ninguém suba além do que a segurança ditar. E é claro, temos enfatizado a cada membro da equipe desde o princípio que chegar ao pico não é a razão de ser da viagem.

Portanto, Jack continuava comprometido. A equipe continuava completa. Ignorei a carta.

Lição de liderança nº 11: críticas

Alguns de nós sentimos dificuldade em lidar com críticas. Queremos que todos gostem de nós e do que fazemos. Até mesmo uma sugestão de crítica já é suficiente para nos deixar desesperados. O problema é simples: estamos levando as críticas exageradamente para o lado pessoal; estamos considerando a crítica um ataque a nossa identidade. Isso é compreensível, porque muito poucas pessoas contam com a sorte de ter pais que diferenciam a criança dos atos por ela cometidos, objeto estes da desaprovação desses pais – em outras palavras, quem censura a ação sem condenar o autor. Fazer o contrário pode gerar profunda insegurança e baixa autoestima.

Conforme você ascende na hierarquia e se torna mais visível em sua organização, o volume de críticas que recebe irá aumentar – algumas serão construtivas, algumas negativas ou puramente maliciosas. Existirão pessoas invejosas de suas competências e de sua ascensão nos escalões da liderança, e é provável que alguém tente derrubá-lo com críticas infundadas, seja pela frente ou pelas costas. A crítica mais dolorosa é aquela em que sua integridade é questionada e seus motivos são incompreendidos exatamente pelas pessoas que deveriam e que provavelmente conhecem você melhor. Esta é uma realidade do mundo empresarial. Você precisa aprender como lidar tanto com seus amigos quanto com seus "inimigos".

Durante meus dias de banco de investimentos, minha equipe e eu tínhamos acabado de fechar uma transação financeira multimilionária e eu esperava o reconhecimento apropriado de meu chefe. Em vez disso, ele fez de tudo para diminuir nosso feito, e quando expressei minha insatisfação com seu comportamento, ele rosnou, "Aja como um homem!". Quando mencionei o incidente para meu marido, ele me enviou a seguinte mensagem: "Em certos dias você é o pombo, em outros a estátua. Aceite isso". Verdade nua e crua, pensei.

Saber lidar calma e sabiamente com críticas construtivas e injustas é essencial tanto para sua saúde mental como para seu sucesso. Os pesquisadores Jay Knippen e Thad Green, escrevendo para um periódico de psicologia sobre aprendizagem no locar de trabalho, estudaram a fundo o tema das críticas e como uma pessoa bem-sucedida deve lidar com elas.

> ### Lide Sabiamente com Críticas
>
> Se você trabalha numa empresa de "capachos" onde as críticas são raras, seja corajoso e peça para aqueles que você comanda ou aqueles para quem se reporta que façam isso. Pergunte o que você poderia fazer melhor. Em minha opinião, um comportamento proativo deste tipo é a melhor maneira de administrar as críticas – descobri-las antes que elas o descubram. Mas quando elas o descobrirem – e isso acontecerá – lide com isso sabiamente. Avalie a pessoa que esta proporcionando o "feedback". Ignore comentários anônimos, não importa quão ultrajantes esses sejam. O modo como você lida com as críticas diz muito sobre sua pessoa em termos de seu caráter, confiança e disposição para aprender.

Lidar com críticas sabiamente é um processo de cinco passos, afirmam Knippen e Green. São eles:

- ▶ Esteja preparado porque são grandes as chances de que um dia elas aterrissarão em você.

- ▶ Aceite a crítica quando ouvi-la sem responder de forma defensiva ou demonstrar raiva ou mágoa.

- ▶ Tente entender a crítica – faça perguntas e procure entender plenamente ao que ela se refere.

- ▶ Chegue a um acordo com o crítico, especialmente se você se reporta a esta pessoa, de forma que possa mudar o que está sendo criticado.

- ▶ Por fim, retorne comentários positivos ao crítico, o que reforçará a ideia de que você é o tipo de líder que consegue aceitar críticas e usá-las como um catalisador de mudanças.

UM ÚLTIMO OBSTÁCULO

Ao longo dos anos, muitos estudos demonstraram que as mulheres estão mais propensas do que os homens a levar as críticas para o lado pessoal e responder de uma forma magoada. Uma explicação possível para isso são os esportes: os homens que passaram sua infância levando broncas dos treinadores e dos colegas de time acabam aprendendo que críticas fazem parte do jogo. As mulheres, que não crescem em ambientes semelhantes, podem ter mais dificuldade em perceber isso. Independentemente de seu sexo, suas metas e sua carreira são mais importantes do que o risco de ser taxado de funcionário sensível e difícil que não está disposto a aprender com críticas, mesmo que proferidas de maneira desagradável.

Procure lembrar que, como Malcom X certa vez disse, "Se você não for criticado, provavelmente não terá sucesso". As críticas, assim como os reveses e fracassos repetidos, talvez sejam desagradáveis, mas são um ingrediente necessário para uma escalada bem-sucedida ao topo. Diretores executivos que se reportam a um conselho e da mesma forma têm pessoas que se reportam a eles, aprendem isso rapidamente. Se não aprenderem, não durarão muito.

Sejam elas rotuladas como "feedback" ou como "crítica", as palavras que você ouve podem parecer ásperas. Eis um último pensamento sobre o assunto que vale a pena enfatizar: controle sua expressão facial se a crítica ou o *feedback* for exageradamente desagradável ou negativo. A questão aqui é que você está disposto a aprender com isso, portanto deve permanecer calmo e controlado.

O outro lado da moeda é igualmente importante. Como líder, você se verá em situações nas quais deve prover críticas. Faça isso em particular, e garanta que sejam construtivas. Não machuque seus funcionários ou colegas desnecessariamente. As palavras são incrivelmente poderosas e devem ser escolhidas cuidadosamente. Um sábio disse: suas palavras devem passar por três portões: (1) da verdade, (2) da necessidade e (3) da gentileza. Você pode obter muito mais inovação e produtividade de sua equipe se criar um ambiente seguro no qual a crítica faz par com o elogio e onde as ações, e não a pessoa, são corrigidas.

▶ *Uma conversa com* ◀
Karin Forseke

Lidar sabiamente com críticas não é apenas uma boa prática, é uma necessidade para todo o líder que queira manter sua sanidade, equilíbrio e confiança no caminho rumo ao topo e no topo. Karin Forseke, ex-diretora executiva da D. Carnegie & Co., um banco de investimentos nórdico listado na Bolsa de Valores de Estocolmo, está acostumada a críticas. Ela também é especialista em aceitar criticas elegantemente e fazê-las com gentileza.

Como consultora sênior do ministro sueco de mercados financeiros e do governo local, Karin foi responsável pela privatização de meia dúzia de empresas com um valor total de mercado de US$ 20 bilhões. Considerada pelo *Financial News* uma das 100 pessoas mais influentes no mercado de capitais, Karin é uma boa amiga, a quem admiro profundamente, em especial por que vi como ela lidou com um dos ataques mais brutais da mídia. Uma pessoa muito conscienciosa, Karin é altamente qualificada para falar sobre este tema tão importante que são as críticas.

A crítica construtiva, ao contrário de ataques anônimos ou pessoais destinados a aniquilar o caráter de um líder, é a única forma valiosa, Karin disse. "A crítica construtiva nunca ocorre publicamente. A crítica em público nunca é construtiva. Mas a crítica construtiva pode ser produtiva. É o tipo de crítica que você apresenta com uma alternativa de resultado. Em vez de dizer, 'Você está errado; isto está errado', trata-se de dizer, 'Sim essa é uma forma de ver isso, mas você já considerou esta outra forma?'"

Como você pode determinar se a crítica que está fazendo é construtiva? Fácil, ela disse. "É a forma como é apresentada. Não será construtiva se for apresentada com raiva, ou de maneira ofensiva, ou como um comentário mordaz num ambiente inamistoso. A crítica deve ser apresentada mostrando que sua intenção é estender o debate sobre um assunto, e não de atacar."

Ataques pessoais, ela disse, sempre devem ser evitados. Eles intimidam os membros de uma equipe e os funcionários, forçando-os a se defender em vez de descobrirem uma maneira de realmente prestar atenção no conteúdo do comentário e reagir positivamente para que todos sejam beneficiados.

Lidar com críticas – não dispará-las, mas recebê-las de cima ou dos colegas, da concorrência, da imprensa, ou de vozes anônimas na Internet – ela acrescentou, é algo em que todo líder deve se tornar um especialista.

"O importante sobre a crítica, especialmente em relação a taques públicos ou pessoais, é respirar fundo, questionar a si e sua reação. Isto é: pensar assim 'Por que estou reagindo tão fortemente a isso? Por que estou tão magoado e chateado com isso?'. Analisar sua reação a críticas pode fornecer uma boa pista sobre a validade da mesma e se deve ser levada a sério. Afinal, quando se é um líder, surgem invejas, inimigos e pessoas que criticam com base em fraquezas pessoais e no sentimento de estarem sendo ameaçadas. É importante distinguir este tipo de crítica daquela que realmente chama sua atenção para algo que você poderia estar fazendo melhor."

"Acho que quanto mais você uma leva uma crítica a sério, mais ela lhe chateia – ou fere sua integridade de alguma forma," ela disse. "Quando mais dolorosa uma crítica parece, ou quanto mais angústia ela causa, mais tempo você deve dedicar para descobrir por que ela o faz reagir dessa forma. Porque é assim que você aprende consigo mesmo. Este é um dos extremos. Outro momento para preocupar-se consigo mesmo é quando você recebe uma crítica e acha que todos estão errados menos você. Isso é um sinal de alerta. Pode ser uma pista de que você está no topo há tempo demais."

Em sua experiência, Karin levou uma surra pública da imprensa quando decidiu não conceder bônus a alguns funcionários que assumiram um tom ameaçador durante negociações. Karin decidiu mandá-los passear. "Decidi que eram exigências absurdas e... que o comportamento deles não correspondia aos valores que eu queria que a organização representasse." Mesmo assim, ao menos uma grande publicação do ramo empresarial levantou o assunto num artigo que era amplamente uma crítica a Karin, "alegando que a nova diretora executiva não entendia a importância da remuneração com bônus no setor financeiro."

"Li o artigo e pensei, isso é muito triste. Mas não me senti magoada. Não fiquei com raiva. Não tive uma reação negativa," Karin ressaltou, refletindo que, quando um líder sabe intuitivamente que uma crítica foi injusta, a maneira mais sábia é lidar com isso é seguir seu instinto e continuar fazendo o que considera correto. "Quando seus valores e suas ações estão realmente alinhados, as críticas não doem tanto. É claro, não é algo agradável. Mas não acaba com você. É simplesmente mais um tijolo na construção de sua experiência, que lhe proporciona a confiança para dar um passo maior da próxima vez."

Lidar com críticas – ser capaz de ignorar hordas anônimas na mídia social e de ouvir seus instintos e analisar suas ações frente à crítica – é um processo de aprendizado ao qual um executivo se submete ao longo do tempo. Quanto ao artigo que questionou a capacidade de Karin em entender do próprio negócio, "isso foi lenha na fogueira para algumas pessoas que também estavam inclinadas a pensar que mereciam mais bônus, e munição para outras que achavam que ameaças não deveriam resultar em recompensa. Mas, por outro lado, isso solidifica você e aumenta a confiança que tem em seus valores".

Karin se preocupa com a evolução da mídia social, "onde as pessoas de repente criticam você sem assumir responsabilidade pelo que dizem. Elas podem se manifestar anonimamente no mundo da mídia social e fazer ataques horrendos a pessoas praticamente sem ter um mínimo conhecimento da situação". Isso pode prejudicar as pessoas, mas é preciso lembrar qual foi a fonte. As mídias socais são, afinal, "um jogo totalmente diferente. Existem dados demais lá". A pergunta que um líder deve fazer, ela disse, é "Como podemos aprender a destilar o que é realmente valioso e a ignorar e descartar o que é lixo?". Este é o desafio para os líderes que estão chegando ao mercado agora, ela disse.

É interessante notar que, quando Karin assumiu a posição de diretora executiva no D. Carnegie, ela era uma das primeiras mulheres com esta função num banco de investimentos de capital aberto. Isto a colocou num pedestal por algum tempo. Mas estar num pedestal, é claro, significava que havia aqueles que queriam tirá-la de lá. O importante, ela disse, é acreditar em si próprio.

"Uma coisa que aprendi", Karin disse, "é que você nunca é tão bom quanto dizem que é quando está no topo do pedestal." E nunca é tão ruim, ela acrescentou, quanto os críticos dizem que você é quando estão tentando derrubá-lo.

O conselho de Karin é manter sua estabilidade emocional, continuar fiel a seus valores e seguir seus instintos. Isso sempre ajuda quando você analisa se vale a pena levar a sério as críticas que recebe. No entanto, é importante ouvi-las e prestar atenção em sua reação. "Enfrente esta provação. Vale a pena. Você sairá fortalecido." Com o tempo, Karin descobriu que lidar sabiamente com críticas tornou-se algo natural. Torne isso natural para você também.

12

Rumo à África!

5 para 6 de julho de 2008

O dia de nossa partida para a África finalmente chegou. No aeroporto de Heathrow, esperei por meu grupo de alpinistas procedentes das mais diversas partes do mundo. Alguns deles estariam se encontrando pela primeira vez, e esta era a primeira vez que todos da equipe estariam juntos. A empolgação era contagiante.

Minha esperança era que o pessoal da filmagem estivesse lá para capturar esta parte inicial de nossa viagem. Observei a expressão no rosto de James Bridges. Ele parecia exultante – ele nunca havia estado num avião antes. Liz Curtis, que se manteve presa em seu apartamento durante anos, não pisava num aeroporto desde a infância. Alex Adams estava ocupado comprando cigarros na loja do duty-free. Não pude fazer outra coisa senão me preocupar quando ele tentou pegar para si toda nossa cota de compras para poder juntar um estoque de cigarros suficiente para uma escalada da montanha isolada mais alta do mundo.

O plano era voar de Londres para Nairobi, no Quênia. Lá, as autoridades manteriam um avião nos esperando, que nos levaria até Arusha, na Tanzânia. O cronograma era extremamente apertado. Eu estava preocupada com algum atraso na nossa partida inicial, mas antes que nos déssemos conta já estávamos na pista de Heathrow, deixando Londres para trás. Rumo à África! Observei o rosto sorridente de nosso alpinista autista, James Smith. Ele estava concentrado na tela a sua frente que mostrava o mapa com a trajetória de nosso voo sobre a Europa e o Mediterrâneo.

Parecíamos estar indo bem. Eu era uma passageira frequente, familiarizada com a logística das conexões entre voos. Certamente eles fariam o avião nos esperar em Nairóbi, mas e quanto a nossa bagagem? Nossa bagagem e equipamentos poderiam acabar ficando em Nairóbi se tivéssemos de fazer um embarque tão rápido no próximo voo?

Assim que desembarcamos em Nairóbi fui falar com o funcionário responsável pela transferência das bagagens. Tudo estava sendo filmado, ressaltei, e se a Kenya Airlines levasse nossa bagagem conosco até Arusha, isso resultaria numa imagem excelente para a companhia. Desesperada para assegurar que nossas malas e nosso caríssimo equipamento de filmagem não ficassem largados em algum lugar da pista ou do aeroporto, segui este funcionário como uma sombra até ele confirmar com toda a certeza que nosso equipamento de filmagem estava seguro a bordo.

Corri com Hans para o avião que nos aguardava. Ali e Ahmed, nossos alpinistas sauditas, já estavam a bordo e procurando por mim. Apressei-me para encontrá-los pessoalmente pela primeira vez. Ahmed, que tinha paralisia cerebral e dificuldade de aprendizado, era um jovem alto e magro com uma expressão séria. O pai de Ahmed havia falecido há apenas algumas semanas e ele faria a escalada em homenagem ao pai. Ali, o treinador de Ahmed, mais encorpado, tinha olhos castanhos calorosos e uma expressão alegre. Agora eu já conhecia todos os envolvidos na expedição. Finalmente, o grupo inteiro estava lá, intacto. Sentia-me agradecida pelo que estávamos prestes a realizar. Estávamos todos juntos, apertados naquele pequeno avião, e ainda nem tínhamos tido tempo de nos apresentarmos apropriadamente.

Finalmente apresentei nossos alpinistas sauditas para o resto do grupo quando aterrissamos em Arusha. Eram duas da manhã. Saímos em tropa do prédio do aeroporto para a quente noite africana. Todos haviam chegado sãos e salvos. Conforme prometido, até mesmo o equipamento de filmagem estava salvo e seguro. Então vi que não conseguíamos encontrar metade de nossas outras bagagens. Hans e eu ficamos apenas com nossa mala de mão, e muitos de nossos equipamentos não haviam chegado.

"Ei, Herta", disse Gordon nosso cinegrafista chamando minha atenção. "Acho que temos mais um problema além da bagagem." Vi um homem grandalhão trajando uniforme nos encarando.

Descobrimos que o homem era funcionário da imigração tanzaniana. Havia um problema relacionado a nossa autorização de filmagem. Segundo ele, nossa documentação (obtida e processada pelo Alto Comissariado da Tanzânia em Londres) não era de fato uma autorização; era meramente uma requisição de autorização. Agora as autoridades da imigração estavam ameaçando reter todo nosso equipamento de filmagem até que os formulários corretos fossem preenchidos.

Lá estávamos nós na África, sem nosso equipamento de escalada e sem permissão para filmar. Era simplesmente inacreditável. Lutando contra a decepção, encarei a realidade. Não havia nada que eu pudesse ter feito para evitar isso, e agora precisávamos de uma solução rápida e positiva. Qualquer impedimento prolongado nos forçaria a cancelar a expedição. Não podíamos nos dar ao luxo de esperar pacientemente durante dias para ter isso resolvido. Mas não era possível fazer nada naquela noite, então fomos para o hotel, e para a cama, em desespero.

Na manhã seguinte, um domingo, nossa equipe se reuniu e vi o quão fortes éramos. Steve foi ao aeroporto para tratar de nossa bagagem desaparecida, enquanto John Hauf, o guia principal da AAI, nos passou informações tranquilizantes e consistentes. Sim, era certo que deveríamos prosseguir no dia seguinte, e ele estava calmo. John já havia estado no Kilimanjaro 26 vezes – conhecia bem essas situações. Ele nos disse que a AAI esvaziaria seu próprio estoque para arrumar os equipamentos caso fosse necessário. Eu acreditava profundamente que não tínhamos chegado até ali e superado tantos obstáculos em vão.

Meu celular tocou às 12h30. Era Steve, "Eles devem ter encontrado nossa bagagem", eu disse a Hans. Um pouco antes de eu atender ao telefone, Hans murmurou algo sobre eu ser uma otimista inveterada.

Provei estar certa. Steve confirmou que havia recuperado a bagagem. Apenas uma sacola com um tambor que pertencia a Ahmed – que ele planejava tocar para nos animar durante a escalada – ainda estava faltando.

Quanto à autorização de filmagem, estávamos em banho-maria. Segunda-feira seria um feriado bancário na Tanzânia, e esse era o dia em que devíamos iniciar nossa escalada. Não podíamos ir sem levar nenhuma filmadora ou equipamento de som. Todo nosso patrocínio dependia do documentário que havíamos planejado.

Mais uma vez John Hauf veio em nosso socorro. Que contraste gritante havia entre ele o guia de nossa primeira expedição ao Kilimanjaro! Perguntamos a John se ele conhecia um agente local que pudesse resolver nosso problema, e ele conhecia. Seu contato conseguiu falar com alguém do Ministério do Turismo e agendar um horário para terça-feira de manhã na capital, Dar es Salaam. Enquanto isso, começamos a discutir se havia alguma maneira de salvar a situação e começar a filmagem desde o início da escalada, mesmo sem ter a autorização. Não foi fácil (num determinado momento, o ministro queria reter nossa equipe de filmagem juntamente com o equipamento), mas por fim os tanzanianos concordaram que a equipe poderia usar filmadoras portáteis até que a autorização saísse na terça-feira. Quando nosso agente tivesse a autorização em mãos, ele nos contataria pelo telefone via satélite que estávamos levando na escalada, e a equipe poderia usar as filmadoras maiores.

Nosso problema estava resolvido. No processo, e quase ao acaso, conseguimos transformar um problema sério numa vantagem. Como o operador de vídeo mais tarde me explicou, as filmadoras maiores com tripés e gruas eram perfeitas para tomadas amplas, mas estas tomadas capturariam imagens que só ficariam disponíveis para nós quando estivéssemos bem alto na montanha. As câmeras portáteis proporcionariam uma qualidade mais realista para a filmagem inicial e seriam melhores para obter close-ups. De qualquer modo, no primeiro dia estaríamos escalando pela floresta tropical. As câmeras menores eram perfeitas para registrar nossas emoções e para definir personalidades e relacionamentos desde o início, dos alpinistas aos médicos e todos no entremeio. O filme produzido desta maneira pareceria mais intenso e mais dramático.

Dei risada ao ver Gordon colocando uma fita em sua filmadora, demonstrando como isso seria muito mais fácil no primeiro dia. Tive de aprender a parar de tentar ser a Mulher Maravilha. Era importante eu me manter calma e não ter vergonha de pedir ajuda. Isso certamente era o apropriado.

Finalmente, na segunda-feira de manhã, nos apinhamos nos Toyotas Land Cruisers e partimos, eufóricos mais uma vez. Sacolejamos ao longo da estrada empoeirada, com o vulto do Kilimanjaro crescendo a nossa frente – para mim parecia ao mesmo tempo lindo e ameaçador. Irresistível. Cutuquei Hans e apontei para o céu. Para nosso alívio, o tempo estava perfeito. Não havia uma única nuvem. Os Land Cruisers saíram da estrada principal e começamos sacolejar por uma trilha no meio de arbustos. A nossa frente pude ver o arco do Portão Machame. Com nome de uma aldeia próxima, o portão anunciava a entrada da trilha que daria a nossa equipe a oportunidade de uma experiência em um dos lugares mais impressionantes da Terra.

Agora daríamos início à escalada.

Lição de liderança Nº 12: o ego

Uma liderança egocêntrica é uma das influências mais letais nos negócios, na política, na religião e em todos os outros aspectos da vida. A questão é que nem tudo diz respeito a você. Realmente não. Às vezes pode parecer que sim. Ao longo deste livro, você aprendeu sobre as competências e habilidades que precisa dominar para chegar ao topo de sua organização ou atingir seus objetivos maiores. Mas, realmente, nem tudo depende só de você.

A missão sempre é mais importante do que o ego. Na maior parte das vezes, você precisa controlar seu ego. Se seu ego for saudável e seu senso de identidade forte, você terá a disciplina para manter o ego sob controle. Muitas vezes, pessoas interessantes, altamente capacitadas têm ego grande. Priorizar a missão em relação ao ego irá não só levar você mais rápido a seus objetivos como também colocará as coisas em perspectiva e servirá de exemplo para sua equipe. Deixe que os membros de sua equipe saibam que você e seu ego não são o centro do universo. A missão vem primeiro e é isso que você e sua equipe devem almejar.

Enquanto este livro estava sendo escrito, o povo egípcio obteve sucesso em forçar pacificamente a renúncia do presidente Hosni Mubarak, que ocupou o mais alto posto político no país por mais de 30 anos. Sempre que diplomatas americanos o pressionavam para deixar o governo ou realizar uma reforma política, ele alegava que sua presença era essencial para evitar um golpe por parte dos fundamentalistas islâmicos. Em sua alegação, ele, Mubarak, era a única pessoa que poderia manter o Egito a salvo. Ficou claro para mim, nas várias visitas que fiz ao Cairo e encontros com a elite egípcia que Mubarak preocupava-se unicamente consigo mesmo. Até mesmo as listras do terno risca de giz de US$ 10 mil feito sob medida levavam seu nome, "Hosni") Ele acreditava ser realmente insubstituível.

O que vale para políticos, com muita frequência, vale para empresários também. Quando precisam escolher entre o que é melhor para o projeto e o que é melhor para sua imagem, eles optam pelo segundo. Este comportamento egocêntrico não favorece o trabalho em grupo, nem a excelência, e, mais cedo ou mais tarde, vai prejudicar as chances de você atingir seus objetivos.

> **SEMPRE PRIORIZE A MISSÃO EM RELAÇÃO AO EGO**
>
> Pergunte-se o que é realmente importante: a missão ou seu ego? Não é verdade que tudo deve girar ao seu redor e de seu sucesso. Se você fizer isso, estará criando um exemplo destrutivo para sua equipe. Seja claro sobre sua visão, priorize a missão, e preste atenção nos egos – no seu e no das outras pessoas da equipe. Egos descontrolados podem levar as melhores equipes ao fracasso.

Algumas das megafusões no setor bancário não tiveram nada a ver com criar organizações mais eficientes e lucrativas. Em vez disso, foram impulsionadas pelos egos desenfreados dos CEOs. O ego parece ter sido o motor por trás da fusão do Citibank com o Travelers e por trás da compra do ABN Amro pelo Royal Bank of Scotland por um valor ridiculamente inflado. Bancos muito saudáveis e fortes no passado, eles acabaram à beira do colapso e precisaram ser socorridos por seus respectivos governos.

Existem tantas razões por que agir de maneira egocêntrica é prejudicial para sua ascensão ao topo (ou causará sua queda precipitadamente quando você alcançá-lo) que não há espaço para listar todas aqui. Funcionários, gestores e líderes egocêntricos são naturalmente incapazes de seguir as regras necessárias detalhadas anteriormente para chegar ao sucesso. Eles não aceitam críticas. Concentram-se excessivamente no fracasso ou o encobrem. Estão mais preocupados com si próprios do que com a equipe ao seu redor.

Você precisa aprender a ser "missão-cêntrico" em vez de egocêntrico. Na sociedade ocidental, onde fazem as crianças acreditar desde a mais tenra idade que são todas vencedoras independentemente de quantos pontos fizeram, onde ganham troféus apenas por participar de esportes de grupo ou de alguma atividade, o número de funcionários egocêntricos que possivelmente nem mesmo enxergam a missão ou as metas da empresa tende a aumentar. Isso é inaceitável.

Sua empresa tem uma declaração de missão? Você tem uma declaração de missão pessoal? Em caso negativo, comece a criar ambas. Sua declaração de missão pessoal deve, obviamente, refletir a missão de sua organização. Elas devem estar alinhadas. Este é um bom teste para saber se você é exageradamente egocêntrico.

Treine as pessoas ao seu redor – sua equipe e quaisquer outros funcionários que trabalham com você – a pensar de forma semelhante. Todos numa organização vencedora, inclusive você, devem ser capazes de admitir erros logo que forem identificados, para que se implemente uma ação corretiva. Todos – especialmente você – precisam saber que o sucesso reside primordialmente em cada um trabalhando na mesma missão – remando o mesmo barco na mesma direção, por assim dizer. Este é o caminho autêntico rumo à liderança.

Andrew Cohen, autor de *Transcending Ego: An Attainable Goal*, fala sempre sobre esta autenticidade – a habilidade de saber a diferença entre os desejos do seu ego e a meta maior para a qual você está se dedicando. "O eu autêntico," ele escreveu, "é a melhor parte do ser humano. É a parte de você que já se importa, que já é veemente. Quando seu eu autêntico miraculosamente acorda e se torna mais forte que seu ego, você realmente começa a fazer diferença neste mundo. Você firma literalmente uma parceria com o princípio criativo."

Alinhar sua pessoa com sua missão e não com seu ego é um ato criativo. Os líderes que causam mais impacto positivo são muito humildes e benevolentes. Eles entendem sua vocação e sabem que não são indispensáveis. Cumprem seu propósito e seguem adiante. Olhe ao seu redor e você verá que a maioria das pessoas não consegue isso. É especialmente difícil para os líderes, que, quando chegam ao topo, veem-se rodeados por capachos. Mohamed Mansour, o ex-primeiro ministro dos transportes do Egito, disse recentemente: "Fico sempre preocupado com líderes que precisam de um séquito de 20 pessoas ao seu redor. Isso significa que o ego deles está fora de controle". A pompa do poder alimenta seus egos, em detrimento de todos. Isso deixa os líderes cegos para a realidade do que está acontecendo. Lembre-se das palavras de Thomas Carlyle: "O egotismo é a fonte e o resumo de todos os erros e infelicidades". Preste atenção cuidadosa em você e dê preferência a subordinar seu ego à missão maior. Seria sábio ouvir o conselho do Apóstolo Pedro em seu primeiro livro da Bíblia: "Não afague seu ego à custa de sua alma".

▶ *Uma conversa com* ◀
Presidente e Tenente-General Seretse Khama Ian Khama

O presidente Ian Khama, está muito bem posicionado para falar sobre o que considero ser uma das lições mais duras que um líder deve aprender – como colocar a missão na frente do ego.

Khama vem de uma longa linhagem de líderes. Seu nome completo é Seretse Khama Ian Khama. Ele é filho do ex-presidente de Botswana Sir. Seretse Khama e seu avô foi Sekgoma II, chefe maior do povo Bamangwato. Sua linhagem de líderes tribais remontam Kgosikgolo Sekgoma I, chefe do povo Bamangwato no início do século IX.

Como líder de uma democracia africana muito bem governada, o presidente Khama falou-me eloquentemente sobre os perigos do egoísmo e sobre os efeitos fatais que tem sobre a marcha rumo ao sucesso. Ele é um homem que serve de exemplo. Evitando a pompa do poder, ele se mistura com as pessoas que o elegeram, com uma frequência surpreendente.

Chegar ao topo "em muitos casos é uma viagem do ego. Acho que muitos líderes sucumbem às tentações do cargo e começam a abusar de sua posição – inclusive valendo-se desse cargo para melhorar sua situação pessoal". Referindo-se às rebeliões no Oriente Médio, o presidente Khama ressaltou que o Coronel Kadafi da Líbia, que declarou ser ele o responsável pelo povo e praticamente no mesmo momento prometeu "ser inclemente" com os revoltosos, não merecia mais liderar. "Você está lá para servir a essas as pessoas," ele disse. "Isso é muito triste." Mas o presidente Khama não apenas lamenta as consequências de uma liderança egomaníaca como também recorrerá a qualquer meio a sua disposição para impedir os danos. Neste aspecto, Botswana foi uma das primeiras nações africanas a romper relações diplomáticas com a Líbia.

Mas nenhum líder, seja um chefe de estado ou dirigente de uma pequena empresa, está imune à tentação que acompanha uma posição de poder. E o risco de o poder corromper ou levar uma pessoa a priorizar seu ego em vez de sua missão é tremendo. Assegurar que você não se tornará presa de seu ego requer vigilância.

"Meu estilo de liderança é focar nas pessoas", disse o presidente Khama. "Esforço-me muito para cumprir o que prometo. Por exemplo, numa democracia, acredito fortemente que o governo deve concentrar-se nas expectativas das pessoas." Promover encontros regulares com a população, ele disse, é uma maneira de obter uma visão realista das pessoas a quem você serve e manter o foco em sua missão.

"Acho importante avaliar constantemente, voltar e perguntar para as pessoas, estamos atendendo suas expectativas?" E se não estivermos, então temos que fazer ajustes. Isso transmite para as pessoas a noção de que podem falar com os que estão no poder – podem dizer para eles: "Isso é algo que talvez vocês poderiam fazer diferente". Assim os cidadãos fazem parte dos tomadores de decisão quando se trata do rumo que o governo deve tomar."

Manter um diálogo contínuo com o povo que você lidera é uma maneira de priorizar sua missão em vez do ego. A responsabilização é outra. Quando as pessoas não são responsabilizadas por aqueles a quem servem (e por uma autoavaliação regular), fica muito fácil tornar a missão "algo de interesse próprio" e esquecer para quem eles de fato trabalham.

"É a natureza humana, mas resume-se ao caráter do indivíduo e como ele interpreta seus papéis", ele disse. "É o aspecto autodisciplina da pessoa. E isso não se aplica apenas a sua ética no trabalho; é também como você age em sua vida pessoal."

O presidente Khama que conta com outras pessoas para ajudá-lo nesta autoavaliação: "Eu disse a eles: 'Se em algum momento vocês notarem que estou me tornando uma pessoa diferente do que era, simplesmente me avisem. Digam, lembra do que você disse? Bom, então estou lhe dizendo. Você está começando a se comportar como um daqueles líderes egoístas.' Acho que esta é a melhor maneira", ele acrescentou. "Se você conseguir escolher a pessoa certa, que esteja preparada para lhe dizer isso na cara, então você descobrirá que caiu na armadilha."

Além de se responsabilizar, o presidente se preocupa se o ego possa atrapalhar o desempenho seus ministros. Um boletim tornou-se uma parte importante de seu estilo de gestão. Dessa forma, o desempenho de seus ministros é avaliado, para que saibam que sua função não é sentar no banco de trás de um carro preto com uma bandeirinha na frente, não é isso o que importa, o que costumava ser a percepção geral. Eles precisam trabalhar de verdade.

O presidente Khama expressou muito claramente sua visão sobre os limites de mandato dos políticos e da necessidade de mecanismos de controle interno, apropriados para evitar abusos de poder. Compartilharemos mais desses *insights* no último capítulo.

13

Começa a Escalada

7 a 9 de julho de 2008

Estávamos no início da trilha sob um sol escaldante. Aqui no Campo Mechame, 3 mil metros acima do nível do mar era onde nossa expedição realmente iria começar. O início da trilha a nossa frente era enganosamente amplo e plano, antes de se tornar íngreme floresta tropical adentro.

Todos estavam de shorts ou calças leves, mas não demoraria muito até precisarmos nos envolver em lã grossa, quando avançássemos além dos limites da neve perpétua do Kilimanjaro. Parados ali sob a luz do sol tudo parecia possível naquele dia. É difícil explicar, mas eu sentia um prazer transcendental enquanto observava nosso grupo. Este era de fato um trabalho de amor para muitos de nós, que dedicaram seu tempo, talento e recursos para chegar até aquele ponto. Que início maravilhoso para a viagem!

Este momento lembrou-me de outra viagem muitos anos antes, quando deixei a Romênia comunista com meus pais. Conforme entrávamos no espaço aéreo da Áustria, tive uma sensação incrível de liberdade; o sol brilhava acima das nuvens e uma Força Superior me abençoava.

No entanto, não havia tempo para caminhar na estrada da memória. Olhei para o grupo. O índice de sucesso na Trilha Machame não passava de 35%. Dois em cada três alpinistas nunca chegavam ao cume. Além disso, o Kilimanjaro podia ser mortal: a cada ano, a montanha reivindicava oito vidas. Certamente, considerando que sete membros da equipe eram portadores de necessidades especiais, nossas chances pareciam menores do que a média. Não poderíamos estar mais preparados, disse a mim mesma.

Enquanto os membros da equipe tiravam fotos uns dos outros, comemorando este início, uma pergunta persistia: quem chegaria lá e quem fracassaria? Era impossível saber. A probabilidade pendia contra James Smith. Magro e radiante, com um sorriso aberto, ele parecia tão frágil parado ali com seus óculos fundo de garrafa. Estava claro que sua grave deficiência de aprendizado poderia dificultar sua escalada. Será que James realmente havia entendido as instruções detalhadas que tentamos passar para todos os alpinistas? Felizmente, seu companheiro, um australiano aspirante a ator chamado Morgan Roy, parecia bem capaz. Observando Morgan checar o kit de James para a escalada, pude notar o forte e crescente vínculo entre eles.

O outro James – James Bridges – parecia menos frágil. Apesar de toda sua robustez, eu tinha conhecimento da doença degenerativa da coluna que sofria e das dores que isso lhe causava. Sua expressão cautelosa ofuscava seu sorriso. Alex Adams, com seu Asperger, contabilizava um terrível fator depressão. Como ele reagiria quando as nuvens e o frio se instalassem? E Val Bradshaw? Será que sua perna machucada seria forte o suficiente para carregá-la montanha acima? E Liz Curtis teria condições emocionais de enfrentar os desafios depois de se manter enclausurada por tantos anos – será que ela conseguiria dormir sob as estrelas depois passar por um colapso nervoso e sofrer de agorafobia por tanto tempo? Eu não sabia.

Pensei sobre a paralisia cerebral de Ahmed e sobre o fato de que ele não falava inglês. Seu companheiro, Ali, tinha a função dupla de tradutor e de ajudar Ahmed na escalada. Como ambos eram da Arábia Saudita, não estavam acostumados ao frio, e eu sabia que o frio seria intenso. E havia Jamie Magee, com o andar arrastado de alguém que sofreu um derrame e teve seu lado esquerdo paralisado; mas que, no entanto, mostrava um sorriso largo. Sempre que via sua companheira, Pauline, gritava "Mãezona!".

E quanto a Pauline? Ela não era uma mulher magra. Funcionária da Enham, ela me confidenciou um pouco antes que não tinha certeza se havia treinado o suficiente para a escalada. Não tínhamos começado a andar ainda, mas seu rosto já brilhava sob o calor. Todos receberam o regime de treinamento sugerido, mas coube a cada um levá-lo a sério.

Partimos para a floresta tropical. Estava ao lado de Michael Price, que seria o compositor da trilha sonora de nosso documentário. Ele foi o principal editor de som da trilogia *Senhor dos Anéis*, e começamos a conversar sobre os diversos filmes em que ele esteve envolvido. Enquanto subíamos gradualmente a trilha, imaginei que éramos hobbits nas Montanhas Nebulosas.

Várias horas se passaram antes de pormos os olhos no bem-vindo almoço, servido numa longa mesa montada sobre cavaletes. Havia inclusive flores – falsas, mas mesmo assim flores. Já seria bastante duro escalar a montanha, então os planejadores da expedição ofereceram os luxos que eram possíveis para nos animar. Havia 180 carregadores nos acompanhando (cada um carregando os 18 quilos permitidos por lei), e tínhamos inclusive toaletes portáteis com assento. Imaginei que éramos invejados por incontáveis alpinistas, que com as pernas tremendo como varas após uma longa subida tinham de se agachar dolorosamente no chão. Nossos carregadores, acostumados a esta rota, iam à frente levando o grosso de nossa bagagem. Todas as noites, quando chegávamos ao acampamento, as tendas já estavam montadas e o jantar cozinhando. Este nível de profissionalismo era o benéfico de usar uma empresa de alto nível como a AAI; o gasto a mais compensou muito.

Atenção aos detalhes é vital para qualquer empreendimento – nos negócios e na montanha – aprendi. Conforto e recompensa mantêm as pessoas motivadas. Até mesmo durante minhas discussões com a Enham sobre as finanças, nunca me senti tentada a economizar nas amenidades. Não fiz concessões em relação a pequenos luxos para esta viagem. Quando, ou se, o ânimo começasse a diminuir, eu sabia que a primeira coisa de que íamos nos arrepender era de ter sido mesquinhos.

Chegamos ao primeiro acampamento ao anoitecer. Ao longo do dia, nossa equipe se espalhou, o que certamente iria acontecer já que nossos alpinistas moviam-se em ritmos diferentes. Eu esperava por isso. Mas me incomodou o fato de que já estava escuro quando os últimos errantes chegaram ao acampamento naquela noite. Esta deveria ser a parte mais fácil da viagem, em grande parte de trilhas sedimentadas com poucos aclives íngremes. No entanto, já havia uma clara diferenciação em nosso grupo. Havia o grupo rápido e o grupo lento. O último grupo a chegar naquela noite foi o de Jamie Magee e sua companheira, "Mãezona" Pauline.

Pauline, a primeira a admitir que nasceu para o conforto, não para a correria, estava estressada. Logo que chegou ao acampamento, debulhou-se em lágrimas. Mas era Jamie, semiparalítico desde a infância, quem me preocupava mais. Todos os alpinistas tinham bastões de caminhada. Mas observar Jamie apoiado em seus bastões, arrastando dolorosamente seu pé esquerdo atrás de si, era simplesmente entristecedor. Jamie era o membro mais fraco da expedição, eu sabia. Foi por este motivo que designamos dois companheiros para ele, Pauline e Michael, um homem jovem e robusto. Mas Michael chegou ao acampamento muito antes de Pauline e Jamie. Quando os dois finalmente chegaram, os guias estavam praticamente carregando Jamie nas partes mais íngremes da trilha.

O irmão de Jamie, Bryan, também participava da expedição, mas era o companheiro de James Bridges. Pude ver que Bryan estava preocupado com seu irmão. Os líderes da expedição decidiram que a melhor coisa a fazer era deixar Jamie e seu par de companheiros saírem mais cedo do que o resto de nós no dia seguinte, para que tivessem uma dianteira. Bryan parecia muito preocupado.

O segundo dia na montanha amanheceu claro e ensolarado. A noite foi fria, e o orvalho deixou nossos sacos de dormir pesados. O café nos reanimou, e me senti empolgada quando partimos do acampamento naquela manhã.

COMEÇA A ESCALADA

Neste segundo dia, atravessamos uma paisagem que cada vez ficava mais árida, a floresta havia ficado para trás, e agora subíamos entre rochas e cascalho. Alguns segmentos da trilha começariam extremamente íngremes, só para em seguida se transformarem em descidas temporárias para pequenos vales e depois voltar a ser ainda mais íngremes. Isso era frustrante para alguns de nossos alpinistas, compreensivelmente.

Em última análise, subir e descer na vida também é frustrante – é a natureza da experiência de cada ser humano.

A despeito das agruras do segundo dia, continuávamos empolgados. Parecíamos todos compartilhar um senso de propósito. Em certo momento, estando em um ponto mais elevado, olhei para trás para uma longa fileira de alpinistas seguindo-se ao longo da paisagem árida. Que orgulho senti! Entre eles estavam pessoas que a sociedade havia segregado sumariamente – pessoas que de várias maneiras foram isoladas ou rejeitadas pela sociedade em geral. Mas aqui estavam elas. Quem descreveria qualquer um que teve a coragem de escalar o Kilimanjaro como alguém "deficiente"? Certamente, não eu.

Vi Gordon finalmente montando a filmadora grande num tripé. Ele estava capturando a vastidão abaixo, na base do Kilimanjaro. Por fim, as autoridades em Dar es Salaam nos deram a autorização para filmar com as filmadoras grandes. O momento não poderia ser mais oportuno. A vista tornava-se cada vez mais idílica à medida que escalávamos. E agora eu sabia que teríamos tudo isso capturado em nosso documentário.

A vista era o que compensava a aridez ao nosso redor. Conforme eu olhava ao meu redor, prestando atenção nos meus passos e nos de meus companheiros de escalada, ficava mais empolgada ainda. Lembrei-me da Aura Rosa e de minha atração por ela anos antes. Minhas experiências em Londres nos últimos meses e as dificuldades que as acompanharam estavam desvanecendo ao longe. Aqui, agora, eu respirava um ar puro e adentrava pé ante pé na companhia daqueles com quem eu me importava e tinha carinho. É disso que trata a vida. Eu estava exausta – e faminta – quando cheguei ao local do almoço, onde havia um banquete para nós. Nenhuma celebridade das panelas jamais preparou uma comida tão saborosa, pensei totalmente maravilhada com o que nossos cozinheiros conseguiam produzir para nós nas escarpas da montanha. Tínhamos fartura de frutas, carboidratos e proteínas. Eu apreciava tudo ainda mais quando lembrava que cada ovo, fatia de pão e fruta haviam sido levados por um carregador. Mais uma vez, fiquei felicíssima por não ter economizado com algo importante.

Quando terminei de comer e me levantei da mesa, notei que Bryan não havia sentado para comer conosco. Bryan estava de pé na beira do platô rochoso, observando a trilha. Ele estava apreensivo. Olhei ao meu redor e vi os alpinistas se preparando para a próxima etapa da trilha. Michael estava lá, mas onde estava Jamie? Também não havia sinal de Pauline. Faltavam dois terços desse grupo de companheiros. A despeito de terem começado antes, ainda deviam estar lutando para subir a trilha abaixo de nós.

A esta altura, havíamos escalado alguns milhares de metros desde o início da trilha. Já tínhamos visto e ultrapassado a marca dos 4.000 metros. Ainda assim estávamos a quatro dias do pico. À medida que o fim da tarde se aproximava, parte de minha alegria começou a evaporar. Eu podia afirmar pela expressão no rosto dos membros do grupo que eles sentiam o mesmo. Minhas pernas doíam e tinha câimbras na panturrilha e nas coxas devido ao penoso movimento repetitivo da subida. O ar parecia mais rarefeito. Toda ação parecia exigir mais esforço. Sentia minha cabeça pesada. Parei para tomar um gole de água – tínhamos de levar conosco o máximo de água possível; pois não havia água potável no Kilimanjaro. A desidratação representava um perigo constante, assim como a doença da altitude. Todos haviam sido alertados para prestar atenção nos sintomas indicadores, cefaleia e náusea. Se fosse ignorada, uma dor de cabeça poderia evoluir para tontura, desorientação e edema cerebral. Uma vez confirmados os sintomas, o alpinista deveria abandonar a escalada e descer rapidamente.

O primeiro caso de doença da altitude surgiu sem aviso prévio naquele dia. Liz parecia bem. Ela estava em forma e motivada, certa de

COMEÇA A ESCALADA

que esta viagem a transformaria de uma pessoa nervosa e aterrorizada pela agorafobia em uma mulher confiante e capaz – uma mulher que poderia enfrentar qualquer desafio, até mesmo o Kilimanjaro. Desde o princípio, ela estava certa de que sairia vitoriosa. Mas este segundo dia começou mal para ela. Ela reclamou de sentir a cabeça pesada e uma pressão entre os olhos. Atribuindo a sensação a uma noite mal dormida no frio, ela continuou a escalada. Mas conforme o dia avançava e ela subia mais, sua dor de cabeça piorou.

Os médicos examinaram Liz e mostraram preocupação. Pouco tempo depois determinaram que Liz estava com estágio avançado de doença aguda da atitude e precisava descer rapidamente. Observamos sua figura solitária cambaleante descendo a encosta da montanha acompanhada por vários dos guias. Eles desapareceram por trás de uma curva. Todos pareciam um pouco deprimidos depois disso. Ela era nosso primeiro alpinista a voltar. Todos os alpinistas tinham plena consciência de que alguns de nós poderiam não chegar ao topo, mas agora estava acontecendo de verdade.

Na quarta-feira, o terceiro dia, a realidade de nossa situação chegou a um ponto crítico. Era meu fundo do poço pessoal.

Nossas tendas estavam montadas num pequeno vale, para onde tivemos de descer por uma trilha íngreme e traiçoeira. Isso teria sido difícil mesmo durante a luz do dia. Após uma longa e exaustiva caminhada sobre seixos, finalmente cheguei ao acampamento muito depois do anoitecer. Com o corpo todo dolorido, me dirigi até a mesa do jantar. Disse para mim mesma que o pior já havia passado. Mas as dúvidas me assombravam e tentei novamente conter as lágrimas. Já tínhamos mandado Liz de volta. Agora parecia que Val Bradshaw também estava com a doença da altitude e precisaria voltar. Teríamos de deixar mais um alpinista para trás.

Estava errada em ter insistido neste projeto? Nossos críticos estavam certos quanto a tentarmos escalar muito rápido a montanha?

Na escuridão daquela noite perdi a noção de quem estava a minha frente e quem tinha ficado para trás. Meus companheiros eram apenas lanternas reluzentes no breu. Eu sabia que Ali, que me ajudou a tirar a mochila das costas, e Ahmed haviam chegado antes de mim. Os dois James e Alex chegaram em segurança também. Mas e Jamie e Pauline? Eles conseguiram nos alcançar em certo momento antes. Mas onde estavam agora? Meu coração afundou quando soube por Eric Murphy, um dos guias da AAI, que estavam longe do acampamento. Pauline provavelmente conseguiria descer até o vale, mas os médicos não estavam felizes com a ideia de Jamie tentar isso. Jamie, eu soube, ainda não coseguira atravessar os seixos. John Hauf, o guia experiente da AAI, decidiu ficar com ele. Eles montariam uma tenda lá para passar a noite. Ao menos estariam seguros.

Com Val agora incapacitada pela doença da altitude e o eternamente alegre Jamie condenado a uma noite solitária longe de seus dois companheiros e do resto do grupo, o desânimo tomou conta de nós. Como eu poderia motivar o grupo? Mantê-los entusiasmados e determinados era crucial porque eu sabia que tudo o que havíamos experimentado até este ponto era apenas um aquecimento. Mais adiante estava o lugar onde Hans e eu fracassáramos na escalada do Kilimanjaro uma década antes. Amanhã estaríamos cara a cara com o inflexível, desafiador Barranco Wall.

Lição de liderança nº 13: ritmo

Se você não lê a história do Ursinho Puff desde a infância, provavelmente esqueceu um dos comentários mais perspicazes daquele bichinho. Ele diz: "Os rios sabem disso: Não há pressa. Chegaremos lá algum dia".

É claro, com prazos e metas sempre iminentes, os adultos acham que definitivamente há pressa. Você está de olho num prêmio, numa oportunidade de progresso, num nicho de mercado, ou está sofrendo pressão para terminar um projeto dentro ou abaixo do orçamento: Não dá tempo! Você sabe que "quem hesita está perdido," e que precisa ser diligente e estar totalmente focado para atingir seus objetivos. No entanto correr desenfreadamente para atingir sua meta ou esperar até o último minuto antes do prazo para comprimir o cronograma de um projeto não é uma boa ideia.

Os melhores líderes aprendem como controlar seu ritmo – não apenas no trabalho, ou em seus projetos, mas em tudo o que fazem, tanto na vida pessoal quanto na profissional. Abordamos um pouco este conceito no Capítulo 3, quando falamos sobre dividir sua jornada em etapas, mas esta lição leva esta ideia um passo além. É preciso desenvolver um ritmo adequado para você e que lhe permita usar sua energia do modo mais eficiente possível. Caso contrário, você correrá o risco da displicência e de não atingir sua meta. Ou pior, corre o risco da exaustão física e mental também.

Na escola de administração Bauer College of Business da Houston University, pesquisadores liderados por Sara Jansen Perry examinaram este fenômeno. Eles observaram a fundo se uma liderança focada em metas leva os funcionários de uma empresa à exaustão e que fatores contribuem para que os funcionários atinjam as metas sem exaustão. Concluíram que traços de personalidade como consciência e estabilidade emocional são encontrados em pessoas com melhor capacidade de gerenciar frente a prazos curtos e a metas importantes. Essas pessoas têm uma aptidão natural para definir metas, planejar e administrar o tempo. Em suma, parafraseando Perry, elas são capazes de controlar seu ritmo.

Esta é uma qualidade que não é natural para mim. Sou uma fêmea alfa, determinada a alcançar meus objetivos com resultados excelentes no menor tempo possível. Meu histórico é testamento disso. Quando cheguei, aos 18 anos, com meus pais aos Estados Unidos, eu achava que havia "perdido" um ano com o processo de imigração. Eu estava determinada a ter meu diploma de doutorado em direito antes de completar 25 anos. Não havia tempo a perder! Então, comecei o a cursar o *college* – ensino superior que antecede o ingresso na universidade – quando ainda estava terminando o ensino médio, concluí o *college* em três anos graduando-me com honras em duas áreas principais e uma secundária e depois me formei em direito *cum laude*. Somado a isso, prestei o exame da ordem dos advogados *antes* de terminar a faculdade de direito para garantir que não iria perder mais tempo.

Embora eu saboreasse a realização, percebi que não estava aproveitando a viagem. As poucas vezes em que "desfrutei" uma ocasião estão indelevelmente marcadas em minha mente. Conforme continuava neste ritmo acelerado, recebia lembretes pungentes de que esta não era a melhor maneira de viver. Meu anjo da guarda durante esta época e ao longo da carreira em bancos de investimento era minha disciplina em guardar o *Shabat* (o dia do descanso). Durante a faculdade de direito, toda sexta-feira ao anoitecer eu ouvia o "Coro Aleluia" da obra *Messias* de Haendel e colocava os livros na prateleira até sábado ao anoitecer, quando voltava a estudar.

Levou algum tempo até eu perceber que este "descanso" provavelmente me salvou de um colapso físico e mental, preservou meu casamento e ajudou a manter minhas realizações e minhas metas sob perspectiva.

> ### Controle seu Ritmo
>
> É importante desenvolver um ritmo adequado para você e que lhe permita usar sua energia do modo mais eficiente possível. É preciso firmeza para evitar o impulso natural de terminar uma tarefa o mais rápido possível a qualquer custo. Assegure-se de ter uma perspectiva antes de tomar decisões e aprenda a controlar seu ritmo. Crie momentos de descanso para si e para as pessoas ao seu redor. Reconheça que os melhores funcionários não são os viciados em trabalho, mas sim as pessoas conectadas no mundo, conectadas a suas famílias e que retribuem para suas comunidades.

COMEÇA A ESCALADA

Ronald Rigio, do Instituto Kravis de Liderança no Clermont McKenna College, e seus colaboradores publicaram uma análise fascinante da assim chamada liderança ética baseada em virtudes. Fundamentando-se nos textos de Aristóteles e são Tomás de Aquino, eles examinaram as quatro virtudes cardeais: prudência, fortaleza, temperança e justiça. Estas, os autores relataram, pareciam ser consistentes com o que os especialistas em gestão agora chamam de "liderança transformadora autêntica".

Faz sentido. Controlar seu ritmo, não sair correndo destrambelhadamente rumo a sua meta, de fato, requer prudência. É preciso de fortaleza, ou firmeza, para evitar o impulso natural de terminar uma tarefa o mais rápido possível a qualquer custo.

No entanto, há mais do que isso. Se você quer liderar, não adianta muito ser o único a atingir a meta, e não ter levado ninguém junto com você. Como uma jovem advogada da F&A em Nova York, eu geralmente trabalhava de 18 a 20 horas por dia. A pressão por horas de trabalho contabilizadas era enorme, e ainda me lembro de um de meus colegas que conseguiu contabilizar 27 horas num único dia. Quando perguntei a ele como havia conseguido essa proeza, ele me garantiu que tinha trabalhado ininterruptamente durante um voo entre Nova York e São Francisco, e, por causa da diferença de 3 horas no fuso horário ele conseguiu contabilizar 27 horas!

Infelizmente, muitos escritórios de advocacia e bancos de investimento – os setores que conheço melhor – criaram uma atmosfera onde as pessoas sentem orgulho desta loucura! Pessoas em postos de liderança que não controlam seu ritmo e não reservam um tempo para refletir podem causar um mal enorme para si mesmas e para as pessoas ao seu redor. É importante cultivar um ritmo que lhe permita chegar a seus objetivos enquanto desfruta da viagem. Além disso, você pode ter a agradável surpresa de que outras pessoas queiram segui-lo.

▶ *Uma conversa com* ◀
Christie Hefner

Christie Hefner, ex-presidente e diretora executiva da Playboy Enterprises, subiu rapidamente ao topo. Logo após graduar-se (com não menos que honras acadêmicas) começou a trabalhar para a empresa que seu pai fundou. Ela chegou a vice-presidente em menos de cinco anos e foi nomeada diretora executiva apenas uma década mais tarde. Christie deixou a Playboy para concentrar-se em tempo integral em sua causa filantrópica: o Centro CORE em Chicago para pessoas portadoras do vírus do HIV. Uma pessoa de alma empreendedora, ela assumiu recentemente um novo desafio como presidente executiva da nova divisão da Canyon Ranch Enterprises.

A arte de controlar o ritmo de trabalho é algo que Christie levou para um novo nível. Conversei com ela sobre esta qualidade extremamente importante. Muitos líderes em potencial querem disparar para o topo, em vez de tentar alcançar suas metas num ritmo compassado e sensato. Christie aprendeu esta lição ainda jovem.

"Quando eu tinha 29 anos, a Playboy Enterprises entrou em séria dificuldade financeira e eu convenci meu pai e o conselho de que era a pessoa que poderia comandar os esforços de recuperação da empresa. Percebi que para poder fazer isso, tinha de controlar meu ritmo – seria uma maratona, não uma prova de curta distância. E aprender a controlar meu ritmo tornou-se crítico para minha habilidade de vencer." "É pura verdade que no início da década de 1980, quando fui presidente, nunca tirei férias", ela contou. Mas, por fim, ela percebeu que a chave para manter seu sucesso precoce seria "equilibrar o tempo entre atividades energizantes e atividades enervantes".

Christie ofereceu exemplos específicos de técnicas que usou ao longo dos anos para controlar seu ritmo. "Uma das coisas que descobri foi que não era necessário tomar todas as decisões no exato momento em que me apresentavam um problema. E acho que geralmente a inclinação das pessoas é pensar que precisam ser responsivas imediatamente. E isso pode não só ser sufocante, como francamente, pode também levar a algumas decisões erradas. Às vezes o tempo é seu maior aliado, proporcionando a oportunidade de reunir mais informações ou adquirir mais perspectiva, ou simplesmente de observar como as coisas evoluem. Portanto, uma lição que aprendi é realmente avaliar se uma determinada decisão precisa ou não ser tomada imediatamente."

Christie acredita fortemente que uma pessoa deve escolher suas atividades, seu espaço e seu pessoal. Crítica da ideia de presença excessiva na empresa, ela explicou o que considera como essencial para liderar no longo prazo: "O segredo de ter energia para manter a liderança por um longo período de tempo é menos função do tempo que você passa na empresa e mais do quanto o que você faz lhe energiza ou lhe enerva. No meu caso, não precisei contrabalançar isso com as exigências da maternidade. Tive sim um relacionamento, e em última análise, um casamento e uma família, mas descobri que escolher dedicar tempo àquelas atividades que para mim representavam uma fonte de energia era realmente importante, e isso podia estar relacionado ao trabalho em termos de estímulo intelectual e de reconhecer que embora seja solitário estar no topo, você só fica sozinho lá se assim quiser. Se por outro lado você optar por confiar nas pessoas e se rodear, tanto dentro quanto fora de sua organização, de pessoas cujos conselhos e opinião você respeita, isso fará uma enorme diferença em termos de sua capacidade de ter energia para chegar ao sucesso".

Para Christie, controlar o ritmo torna-se muito mais fácil se a pessoa tem uma visão saudável de suas prioridades e uma sólida rede de relacionamentos. "Ter uma perspectiva de sua situação é crítico, e essa perspectiva, por definição, é parar e prestar atenção. Portanto... para aqueles que são pais, os filhos dão a perspectiva; para mim, retribuir engajando-me em atividades filantrópicas e cívicas proporciona perspectiva em termos de quais são realmente os grandes problemas e os grandes desafios, em oposição ao que supostamente é a crise do momento. Acho também que perspectiva vem dos amigos, e acredito menos em mentores e mais em relacionamentos, porque acho que a pessoa que pode lhe ser útil numa determinada situação talvez não seja a mesma pessoa que possa lhe ajudar numa situação diferente, portanto, ter uma ampla gama de pessoas com quem você pode contar – em outras palavras – uma rede pode ser um patrimônio extremamente valioso."

Ela também acredita que liderança "não diz respeito só a você; diz respeito às pessoas que trabalham com você". Quanto a isso, ela chegou à conclusão de que os melhores funcionários não são aqueles viciados em trabalho: "Os melhores funcionários são pessoas conectadas no mundo, conectadas a suas famílias, que retribuem para suas comunidades, que têm outros interesses fora do trabalho, porque elas levam tudo isso para o ambiente de trabalho. E não importa se você está tomando uma decisão de marketing ou desenvolvendo um planejamento estratégico, esse modo de pensar mais amplo, mais holístico, sobre o mundo é muito útil. E por sua vez, se você tratar as pessoas dessa forma, elas darão um passo além por você. Portanto, descobri que se eu pudesse dizer: 'Seu filho tem problema com drogas; você deve estar com ele agora,' ou mesmo, 'Seu filho está participando de um evento esportivo importante, você deve estar lá,' então quando eu tivesse de dizer 'Preciso que você fique aqui essas horas extras ou que faça mais essa viagem', as pessoas retribuiriam."

Avançamos muito no debate "equilíbrio entre trabalho e vida", uma expressão inapropriada em minha opinião porque isso certamente ajuda a estar vivo no trabalho, já que o trabalho é parte integrante da vida. Christie observou uma evolução muito saudável nesta área: "Comecei minha carreira numa época em que muito dessa questão equilíbrio trabalho/vida tinha relação apenas com os sexos, mas fiquei no mercado de trabalho tempo o bastante para ver isso se transformar numa questão de geração. Acho que os rapazes hoje estão tão interessados em atingir o equilíbrio no trabalho e na vida quanto as moças".

Por fim, mas não menos importante, ela aconselha a encontrar atividades que lhe absorvam. "O mergulho faz isso comigo; esquiar faz isso comigo; eu costumava voar em planador; até mesmo viajar para países diferentes. Também somos ótimos em multitarefas, portanto devemos cuidar para que parte de nosso cérebro não permaneça conectada o tempo todo ao trabalho, e às vezes essa desconexão é a coisa mais energizante que você pode fazer."

14

O Barranco

10 de julho de 2008

Tudo o que eu tinha vontade de fazer era me enfiar em meu saco de dormir. No entanto, tínhamos de resolver a situação de Jamie antes do amanhecer. O problema não era apenas se Jamie deveria ou não continuar a viagem, o que agora parecia duvidoso. Havia uma questão mais fundamental para discutir, um problema que poderia por tudo a perder. O sistema de companheiros não estava funcionando conforme planejamos. Convocamos uma reunião.

Um pouco antes de a reunião começar descobri que tínhamos outros problemas para enfrentar.

"Herta!" Era Steve Ballantyne. "Acabo de falar ao telefone com a Inglaterra. Eles me perguntaram o que diabos está acontecendo aqui", ele disse. "Eles querem tirar o site do ar."

O site da Enham? Enquanto eu imaginava o que ele queria dizer, minhas pernas começaram a tremer. Criamos um site na Internet no qual parentes, amigos e outros interessados podiam acompanhar nosso progresso, assistir aos nossos *podcasts* e deixar mensagens. As pessoas na Inglaterra estavam prontas para remover o site?

"Segundo eles", Stephen continuou, "a expedição virou um fracasso total. Está havendo um pandemônio. A Enham está sendo bombardeada por ligações de pais reclamando que estamos pondo a vida de seus filhos em risco. Estão exigindo saber por que tantas pessoas estão voltando." Certamente, isso era um grande exagero. Mas era algo à parte. A realidade é que não havíamos previsto uma coisa. Não previmos que os alpinistas enviariam mensagens para seus amigos e familiares lá da montanha, ou nem mesmo que trariam seus celulares. Aqui estavam eles, no entanto, derrotados e exaustos, mandando mensagens para casa para compartilhar sua decepção e tristeza com os outros. Agora a incerteza estava se espalhando para além da montanha. A Enham recebendo ligações de familiares em pânico era um desastre que eu nunca imaginei.

Exausta depois da castigante escalada do dia através do seixo, eu estava pertubada e deprimida. A carta que eu havia recebido do colega de nosso médico criticando nosso cronograma voltou a me assombrar. Será que o médico tinha chamado a mídia, também? Pensei que havia conseguido suprimir a negatividade dos conselheiros da Enham tratando diretamente com eles. Mas agora eu estava isolada nas encostas da montanha, e para mim seria impossível influenciar as coisas na Inglaterra. Poderíamos tratar desse problema com os alpinistas que estavam conosco na montanha, mas o que eu podia fazer sobre as preocupações levantadas na Inglaterra?

Talvez houvesse um jeito – o site. Talvez eu pudesse postar uma atualização entusiástica no site na manhã seguinte para tranquilizar as pessoas de que estávamos seguros. Eu precisava fazer uma declaração pública sobre nossa competência e capacidade de alcançar o sucesso. Isso não serviria apenas para tranquilizar os amigos e familiares em casa, mas também para motivar os membros remanescentes da equipe. Mas primeiro, precisávamos fazer aquela reunião sobre Jamie e o aparente fracasso do sistema de companheiros.

Antes de ir, lembrei-me daquela dura estatística: apenas 35% dos alpinistas na Trilha Mechame chegam ao topo. Nos últimos três dias, eu me convenci de que embora parte de nosso grupo fosse fisicamente incapacitada, podíamos bater essa média com nosso equipamento superior, planejamento e nosso consistente sistema de companheiros. Agora tudo parecia exageradamente otimista.

A reunião se estendeu noite adentro. Conversamos sobre tudo que aconteceu de errado, e a discussão foi difícil e dolorosa. Bryan Magee estava tenso e zangado com o fato de seu irmão ter de passar a noite longe de nós. Precisávamos tomar decisões duras. Enquanto isso, Val, a despeito de seu mal-estar, conseguiu chegar ao acampamento. Poderíamos deixá-la continuar amanhã? Os médicos precisavam tomar essa decisão. Temi pela reação dos alpinistas ao quais diríamos que não podiam continuar.

A doença da altitude era algo a que demos proeminência em nossos planos. Jack havia me garantido que o ritmo da escalada era perfeitamente seguro, especialmente dado ao número de médicos que levávamos conosco. Mas era o sistema de companheiros que montamos para ajudar os alpinistas com necessidades especiais a escalar a montanha que estava em risco. O sistema era um dos pilares da estrutura de nosso projeto. Em alguns casos, estava funcionando – maravilhosamente, até. Mas em outros, conforme o caso de Jamie mostrou, estava sendo um desastre. Embora os guias tenham começado a ajudar os alpinistas o quanto podiam, o sistema de companheiros era fundamental para o projeto. Se, e quando, ele ruísse, todo o futuro da expedição ruiria também.

Estávamos certos de que Jamie claramente havia atingido seu limite físico. Ele não poderia continuar. Sua companheira, Pauline, admitiu copiosamente que também não podia continuar. No entanto, seu outro companheiro, o jovem e forte Michael, poderia ter continuado. Mas Michael decidiu partir com Pauline, e iniciar a descida deles bem cedo na manhã seguinte. Val desceria também. Ela havia enfraquecido demais, mas prometeu corajosamente voltar enquanto nos abraçávamos em despedida.

Quanto a Brian Magee, senti muito por ele. O fato de seu irmão Jamie ser um dos alpinistas com necessidades especiais era o principal motivo para ele estar nesta viagem. Agora Jamie estava voltando.

Pude notar que Brian estava dividido entre querer acompanhar o irmão e chegar ao topo da montanha com seu companheiro, também com necessidades especiais, James Bridges. No final, isso foi o fator decisivo. O espírito de Jamie era robusto, embora seu corpo não fosse. Mas James Bridges ainda precisava de Bryan e Bryan decidiu ficar.

Pauline estava às lágrimas quando a reunião terminou. Ela se culpou por seu fracasso, mas eu disse a ela e a todos que não era um fracasso. Eles deviam manter a cabeça erguida. O fato de não chegarem ao topo não era uma derrota, mas uma vitória terem ido tão longe.

Na manhã seguinte, a beleza de nosso entorno era brilhante e inspiradora. O céu estava azul e a vista magnífica. Tínhamos chegado tão longe, disse a mim mesma, e não íamos desistir agora. Certa vez conheci um soldado que me disse, "Mostre-me uma montanha e eu a conquistarei." É por isso que eu escalo montanhas. A recompensa é mais do que uma vista. É a jornada. É o conhecimento que você ganha, ao escalar a montanha, de que alcançou algo pelo qual lutou e que valeu a pena. Na montanha, assim como nos negócios e na vida, a escolha para mim não é binária. Vale ou pico? Ganhador ou perdedor? Vitória ou derrota? Há muito mais nuances do que isto. No entanto, lutar pela excelência e almejar o topo, levar o máximo de pessoas junto com você, é um objetivo compensador.

Optar por vencer é imprescindível para uma liderança forte. Não significa que não cometemos erros. Não significa que não sofremos reveses. A questão é como reagimos a eles. Esta é uma das razões por que esta expedição se tornou tão importante para mim. Eu queria mostrar que todos nós enfrentamos dificuldades na vida. Ao mesmo tempo, temos talentos e potencial para a excelência. Desde o início, eu sabia bem que nem todos alcançariam ao pico. Num sentido coletivo, no entanto, isso não importava. Simplesmente colocar o pé na montanha e esforçar-se para chegar o mais alto possível já era um feito excepcional.

A despeito da manhã gloriosa, o astral no acampamento estava baixo. Uma única pessoa ter de deixar a montanha já representava um golpe para o ânimo, e agora tínhamos várias. Era devastador olhar a nossa volta e se dar conta de que alguns de nossos amigos não estariam conosco no pico. Pude ler na expressão do rosto de alguns de nossos membros que havia dúvida se mesmo *algum* de nós chegaria lá. Talvez, com a notável exceção de James Smith, que parecia não ter dúvida alguma.

A melhor maneira de enviar a mensagem sobre nossa situação na montanha era por meio de um webcast, o que faríamos naquele dia. Preparei-me para isso enquanto Kate, uma pessoa da equipe de filmagem, montava o equipamento. O webcast seria rodado comigo falando diretamente para a câmera, tendo um panorama extasiante da montanha e do céu ao fundo e o notório Barranco Wall. De onde eu estava posicionada, parecia uma torre cinza chumbo, mesmo sob o sol, implacável de granito. E teríamos de desbravá-lo, eu sabia.

Virei para a câmera, joelhos tremendo. Este depoimento parecia ser o mais crítico dos que eu já tive que fazer, algo parecido com pronunciamento do governo em rede nacional. Eu precisava ser tranquilizadora, não apenas para as pessoas em casa, mas para aqueles aqui também, dizendo que tudo ia bem, e que estávamos capacitados tanto física quanto emocionalmente a fazer o que havíamos nos proposto nesta expedição – que nada estava dando errado.

Fiquei surpresa com a firmeza de minha voz conforme eu explicava para minha audiência distante e disseminada que todos os alpinistas estavam bem e que aqueles que desceram estariam relaxando no hotel em Arusha nos aguardando até que voltássemos. Então nos reencontraríamos. Expliquei que tínhamos um dia duro pela frente e agradeci a nossos amigos e familiares por seu amor e suas preces. Estimulei-os a continuar enviando mensagens de apoio. Quando terminei e vi Karen desligando a câmera, pareceu-me um sucesso. Tinha fé de que desta vez eu chegaria ao pico, de que desta vez eu conseguiria desafiar o Barraco Wall. De alguma forma, consegui me tranquilizar também sobre tudo isso.

Barranco Wall é uma escarpa. Nem todos precisavam escalar essa escarpa diretamente. Existe uma rota que ladeia sua encosta, porém mais longa e consequentemente mais castigante fisicamente. Gordon queria fazer tomadas dos alpinistas escalando a escarpa a partir daquele ponto de visão privilegiada, portanto um pequeno grupo de alpinistas foi com ele. Eles nos encontrariam no topo da encosta.

Escalar o barranco foi empolgante. Com o tempo tão perfeito e claro, pudemos nos concentrar no desafio propriamente dito. Embora lágrimas tenham rolado naquele dia quando Val, Pauline e Michael nos deixaram, o grupo agora se sentia novamente estimulado. Sempre que alguém parava, encontrava uma mão estendida que o alcançava mais abaixo ou um ombro de apoio. Todos se ajudavam nas partes mais difíceis. Era o oposto do que havia transpirado no dia anterior, quando a equipe estava desmoralizada e fragmentada. Hoje, estávamos juntos, física e emocionalmente, uns para os outros. Éramos uma equipe! O sistema de companheiros funcionava de novo da forma como eu havia idealizado.

Quando atingimos o topo da escarpa, os outros que haviam tomado a rota mais longa se juntaram a nós. Meu coração relaxou por fim. Tínhamos vencido o obstáculo que eu mais temia, aquele que bloqueou meu caminho até o topo uma década antes. Parada lá no alto da encosta, tive certeza. Dentro de dois dias estríamos no pico do Kilimanjaro.

Lição de liderança Nº 14: Vencendo obstáculos

Vamos parar um momento aqui para definir exatamente o que quero dizer com empecilho ou obstáculo. Pode ser qualquer evento, hábito, pessoa ou comportamento que impede seu progresso contínuo.

O quase colapso do sistema financeiro que resultou na crise econômica global recente se tornou o evento mais desafiador para os executivos ao redor do mundo.

Os fundamentos mais básicos do capitalismo estão sendo examinados e questionados. Estamos numa encruzilhada e precisamos fazer algumas escolhas duras se quisermos recuperar a fé num sistema econômico que tem sido um motor significativo da prosperidade há séculos. Uma coisa é certa: não podemos manter os negócios como de costume. Se nos livrarmos da crise e voltarmos a nossos velhos hábitos, o capitalismo vai nos desapontar, e com sistemas econômicos alternativos, o resultado será ainda pior.

O que isso tem a ver com obstáculos e remover as barreiras que nos impedem de alcançar o sucesso? Tudo! Este é o momento de examinar a fundo os hábitos, condicionamentos culturais, práticas setoriais e sistemas que causaram este potencial colapso, eliminar o que está errado, modificar o que é ultrapassado ou ineficaz e substituir o que está errado por algo que leve a um crescimento sustentável de longo prazo.

> ### Elimine seus Obstáculos
>
> Apatia e falta de paixão são obstáculos sérios que devem ser abandonados e substituídos por uma atitude positiva e um compromisso com a excelência. Resista ao pensamento imediatista e combata a tirania dos resultados trimestrais. Treine-se a pensar globalmente, não localmente, e elimine de sua vida as pessoas que arrastam você para baixo..

Primeiro, se você quer ter sucesso neste novo paradigma, deve começar por uma avaliação minuciosa de sua atitude em relação ao trabalho. Você tem um sentimento de propriedade e nível profundo de engajamento? Uma pesquisa recente realizada pelo Instituto Gallup estudou o engajamento dos empregados e chegou a conclusões surpreendentes. Segundo a pesquisa realizada em 2009, apenas cerca de um terço dos trabalhadores relataram estar "engajados" em seu trabalho. Sessenta e sete por cento dos entrevistados disseram que se sentiam pouco engajados ou totalmente desengajados. Em essência, de acordo com a pesquisa, esses trabalhadores se desligaram mental e emocionalmente. Acadêmicos da Harvard examinaram este fenômeno e concluíram que estes empregados perderam a paixão. Apatia e falta de paixão são empecilhos sérios que precisam ser eliminados e substituídos por uma atitude positiva e um compromisso com a excelência. Você não conseguirá motivar sua equipe e as pessoas que precisa convencer para alcançar seus objetivos se não tiver paixão pelo que faz.

Segundo, você deve resistir ao pensamento imediatista. Segundo Dominic Barton da Mckinsey & Company, executivos de empresas asiáticas normalmente pensam sobre suas organizações em termos de um horizonte de no mínimo 10 a 15 anos, enquanto que americanos e europeus estão voltados para o curto prazo. Esta miopia está fazendo com que nosso investimento seja baseado nos ganhos trimestrais, para garantir nosso lucro no menor tempo possível, sem avaliarmos as consequências disso para os próximos anos, quanto mais para a próxima geração.

Após minha carreira em banco de investimentos, fundei a Ariya Capital para fazer minha parte na criação de um setor de capital privado sustentável em mercados de fronteira, sendo meu foco inicial a África. Eu acreditava firmemente que um mundo onde mais de 4 bilhões de pessoas vivem na, ou abaixo, da linha da pobreza é um vulcão em ebulição que pode entrar em erupção quando menos se espera. Portanto, continuei perguntando: que setores voltados para as necessidades do consumidor são essenciais para reduzir a pobreza? Além disso, como podemos investir o dinheiro de nossos clientes para gerar um retorno financeiro de médio prazo superior e atingir benefícios sociais e ambientais quantificáveis? Para criar a empresa, eu precisava examinar e deixar de lado visões tradicionais de risco, lucro e resultados. Quando compartilhei minha visão com um membro do conselho de um banco importante, ele comentou cinicamente: "Já é difícil ganhar dinheiro da forma tradicional, quanto mais se preocupando com essa bobagem de social e ambiental". (Na verdade ele usou um linguajar mais forte.) Esta linha de pensamento, em minha opinião, está ultrapassada e impõe uma barreira ao crescimento sustentável. Combata o impulso de pensar de maneira míope. Segundo Buffet, o prazo ideal de manutenção do investimento nessas ações é "para sempre".

Terceiro, pense globalmente, não localmente. A burocracia ou política inerente à maioria das organizações pode sugar sua energia. Não estou advogando que você deva ignorar as questões locais, mas que não as torne seu ponto focal. Contorne-as, onde possível, e concentre sua energia nos resultados que fazem de você um cidadão melhor para o mundo. Uma pessoa que espero contratar num futuro próximo é um jovem africano com MBA da Harvard Business School que já viveu em vários países e decidiu voltar a sua terra natal e usar suas competências para ajudar a reconstruí-la. Ele já é poliglota, mas considerando a enorme importância da China como crescente parceiro comercial do continente, ele está estudando mandarim.

Finalmente, afaste de sua vida as pessoas que o arrastam para baixo. Você deve isso a si mesmo e a sua equipe. Uma vez decidido que determinados funcionários devem deixar a organização, deve-se romper seus laços com eles o mais compassivamente possível, mas é importante romper; se não fizer isso, impedirá que a equipe inteira atinja seu potencial. Esta é a parte ruim dos negócios, e não sou particularmente boa nisso. No entanto, aprender a remover pessoas pelo bem de sua organização é essencial para realizar sua visão.

O cantor Jimmy Buffet certa vez observou que "Um dos ônus inevitáveis de se levar uma vida interessante é que existem momentos em que você quase a perde". É um argumento excelente. Quando você está lidando com um obstáculo que surge repentinamente em seu caminho, pode sentir raiva ou desespero. Isso é humano. Mas o que não é bom é aceitar o obstáculo como fato consumado e perder sua paixão e ímpeto.

▶ *Uma conversa com* ◀
ABEYYA AL-QATAMI

Abeyya é a sexta de oito filhas de Ahmed Abdulaziz Al-Qatami, kuaitiano e primeiro investidor internacional em incorporações em Dubai. Atualmente, a família Al-Qatami é uma das famílias governantes do Kuait e está entre as famílias de comerciantes mais influentes da região do Golfo. A família atua em numerosos setores nos países do Golfo.

Abeyya é ex-presidente da Seven Seas Investment Corporation e faz parte do conselho da IFA Hotels and Resorts, uma cadeia global de hotéis de luxo. Ela e sua irmã foram as primeiras mulheres a participar de um conselho no Kuait e ela foi a primeira corretora de valores registrada no Golfo. Conversei com Abeyya sobre vencer obstáculos, e ela começou imediatamente me dando uma ideia sobre o que seu pai enfrentou "quando Dubai não era nada mais do que dunas de areia". Ele olhou para aquilo, ela me contou, e teve imediatamente uma visão de que "esta terra será uma mina de ouro".

Abeyya continuou: "Ele fez amizade com um jovem chamado Rashid, que estava sentado no porto admirando o mar. Por acaso o rapaz era filho do emir. Os dois se tornaram grandes amigos e passaram a se visitar regularmente". O próspero pai de Abeyya se compadeceu da pobreza em Dubai, então ele "convenceu o governo do Kuait a doar escolas e hospitais". Em 1962, ele montou uma incorporadora e construtora em Dubai e começou a comprar grandes lotes de terra e a convencer seus amigos kuaitianos a investir lá.

"Quando o pai de Rashid morreu, ele passou a ser o emir de Dubai, e meu pai criou o boom imobiliário. Rashid convenceu todos os amigos a adotarem sua visão – ele tinha tanta reputação que todos os seguiram", Abeyya me contou.

Embora o pai de Abeyya fosse dedicado a suas filhas, ele não as criou em berço de ouro. Na verdade, durante a invasão do Kuait pelo

Iraque no início da década de 1990, a família exilou-se e conviveu com a pobreza e também com o perigo. "Quando o Iraque invadiu o Kuait em 1990, meus pais estavam em Paris de férias, então peguei minhas irmãs e sobrinhas e escapamos num jipe guiado por um beduíno, cruzando o deserto durante 17 horas para chegar à Arábia Saudita", ela relembrou. "Apenas seis carros tinham permissão para cruzar a fronteira, e o nosso foi um deles. Minha espiritualidade me ajudou nesse momento difícil. Fiquei recitando algumas linhas do alcorão pedindo para 'cegar os olhos dos inimigos' para que não pudéssemos ser vistas. Miraculosamente, dois tanques iraquianos passaram por nós, mas os soldados, que estavam armados com Kalashnikovs estavam olhando para o outro lado e literalmente não nos viram. Se tivessem nos visto, certamente atirariam em nós. Eu os vi atirando em outras pessoas!

A fé e a determinação de Abeyya, multiplicada pelo poderoso exemplo de seu pai, ajudaram-na a enfrentar essa provação e as agruras que se seguiram. Ela e a família fugiram do Kuait e encontraram refúgio em várias partes da Europa.

"No exílio na França, meu pai sustentava 30 membros da família. Todas nossas contas bancárias haviam sido congeladas. Estávamos sem um centavo. Comíamos apenas uma refeição leve por dia, e não sabíamos quando teríamos o dinheiro de volta. Isso se estendeu por dois meses", ela disse. "Durante esse tempo, eu era a única pessoa com trabalho (Eu trabalhava para o Banco Comercial do Kuait em Londres) e dividia meu salário com minha irmã menor."

Mesmo quando a família recuperou sua fortuna depois da primeira Guerra do Golfo, o pai de Abeyya continuou a transmitir um senso de força e autoconfiança. Ele não pagou pelos estudos das filhas, insistindo em vez disso que elas deveriam ganhar bolsas de estudo por mérito acadêmico.

"Quando ganhei uma bolsa para a Universidade Americana em Beirute para estudar Comunicação, ele não me deu nenhum auxílio para a alimentação; eu tinha de comer sanduíches como todo mundo... sempre indo atrás de alguns trocados", ela me contou. "E quando consegui meu primeiro trabalho, meu pai conhecia o presidente da empresa, mas se recusou a ajudar. Tive de participar de uma seleção e conquistar a vaga no estágio por meu próprio mérito."

"Ascendi na International Financial Advisors por meu próprio mérito. Eu já era gerente sênior quando meu cunhado Jassim Al-Bashar entrou para comandar a empresa. Quando ele assumiu, eu pedi demissão porque não queria que achassem que eu estava lá por causa dele, mas ele disse, 'Fique – todo mundo me diz que você é indispensável; eu preciso de você.' Formamos uma boa dupla e fizemos a empresa crescer. Nosso relacionamento no trabalho era muito formal e profissional. Ele cobrava mais de mim do que dos outros, por que esperava mais."

No Oriente Médio, sua posição de destaque no trabalho era algo com que Abeyya precisava lidar com muita delicadeza. "Meu maior obstáculo era ser mulher num mundo dominado por homens. Nunca podia me atrasar, para não ser chamada de preguiçosa. Tinha que trabalhar mais do que todos os outros, que estar vestida e arrumada apropriadamente. Eu sempre era a única mulher num grupo de homens, seja de financistas ou engenheiros. Sempre tinha que me comportar com muito cuidado." Isso, ela explicou, porque segundo os hábitos culturais em parte do Oriente Médio uma mulher solteira não pode viajar sem a companhia de um membro da família.

Ela contou sobre o constrangimento de viajar com um executivo casado que se revelou alcoólatra (beber é um tabu na cultura muçulmana). Ela tinha que acordá-lo para as reuniões. Ela não podia envergonhar a família do homem deixando que as pessoas descobrissem o problema dele, portanto ela precisava lidar com a situação com muito cuidado. Ao mesmo tempo, tinha que preservar sua própria reputação.

"Não foi fácil. Eu conhecia a família dele e a esposa; ele não poderia dizer nada contra mim", ela disse, explicando que eliminar obstáculos é sempre uma questão de estar atento a eles. "Pensando sobre isso hoje, eu me policiava muito – eu nem mesmo usava perfume porque não queria que as pessoas me perguntassem qual era aquela fragrância deliciosa e atraíssem a atenção para o fato de eu ser mulher."

"O mundo financeiro é cheio de tentações – a única coisa que me fazia continuar era contrar com a ajuda de Deus. Existem muitas tentações para uma mulher num mundo de homens. Existem muitas artimanhas que podemos usar, e se você não as usa, todos ficam tentando pegá-la num erro porque acham que você é muito boa para ser verdade."

O pai de Abeyya foi a pedra fundamental de seu sucesso. "Meu pai me encorajou em minha carreira e permitiu que eu viajasse sozinha com colegas homens de trabalho; caso contrário minha carreira internacional não teria sido possível", ela disse, acrescentando que, como ele era uma pessoa tão pacífica, poderosa e gentil, ela jamais pensou em envergonhá-lo.

"Eu também tinha uma fé muito grande, e meu lado espiritual me manteve forte, então quando as pessoas cochichavam pelas minhas costas e me olhavam de maneira estranha, isso nunca me incomodou."

Flexibilidade, Abeyya me contou, é a principal ferramenta para eliminar obstáculos. "Fui ensinada a ser muito flexível – a fazer qualquer coisa, sem problema, com qualquer renda, seja com dez ou um milhão de dólares", ela disse. Isso e sua autodisciplina lhe foram muito úteis. "Minha relação espiritual com Deus me ajuda a ser fiel a meus princípios e àquilo em que acredito, independentemente do que as pessoas pensem... Meu único verdadeiro obstáculo está entre Deus e o meu ser – existe uma guerra constante com meu eu, como um cavalo selvagem que precisa ser domado. Quando você aprende a se domar, independentemente do que esteja por vir, a vida fica mais fácil e a tentação desaparece.

Um obstáculo recente que Abeyya está enfrentando é sua saúde. Depois de 27 anos trabalhando, ela começou a mostrar sinais de exaustão, com deterioração da visão e problemas cardíacos. "Negligenciei meu corpo. Era hora de deixar o trabalho, recobrar minha saúde e me encontrar." É preciso estar atento para identificar obstáculos e eliminá-los diligentemente, uma qualidade que Abeyya demonstrou repetidamente durante sua ilustre carreira.

15

Quase Lá

11 de julho de 2008

Assim que conquistamos o Barranco Wall o tempo começou a nublar. Isso pode ser aterrador no Kilimanjaro. A chuva e a névoa fizeram Hans e eu voltarmos da última vez que desafiamos esta montanha. As sombras escuras eram preocupantes, mas uma hora ou duas depois as nuvens se dispersaram.

Agora tínhamos de seguir uma trilha ardilosa até o Karanga Valey, onde deveríamos acampar para passar a noite. Precisávamos de um longo e bom descanso para recuperar as forças para um quinto dia relativamente curto que nos levaria ingremamente até o High Camp, a última parada antes do pico. Lá teríamos apenas poucas horas de sono antes da última longa pernada de nossa viagem.

Conforme eu descia em direção ao vale, estava satisfeita por ter me mantido firme em minhas decisões. Elas se provaram corretas. Estava feliz em ter escolhido John da AAI como guia da escalada – ele conhecia todos os humores e facetas da montanha. Ele não só entendia a montanha como também as pessoas. John sabia realisticamente o que podia nos pedir para alcançar. Forte defensor do sistema de companheiros, ele viu como isso era crítico para a escalada – especialmente depois daquelas horas estremecedoras no terceiro dia.

Então, sim me permiti um pouco de autocongratulações pelo planejamento. Numa montanha como o Kilimanjaro, no entanto, algo maior também desempenha seu papel. Alguns chamam de sorte. Agradeci a Deus por termos chegado tão longe. Mais dois dias era tudo o que precisávamos, mais dois dias de bom tempo e mais dois dias de fé.

Planejamos cada dia de escalada para nos dar o máximo de oportunidade de nos aclimatarmos fisicamente ao ar cada vez mais rarefeito das grandes altitudes. A partir do Karanga Valley, que nos fez descer depois de chegarmos tão alto no Barranco Wall, enfrentaríamos uma subida castigante. Nosso destino era o High Camp a 4.700 metros. Era uma escalada bastante acentuada comparada com o que havíamos atravessado nos dias anteriores. Depois disso, seria apenas mais uma única tacada ao longo da noite até o topo.

Eu esperava ter a sorte de não passar pelo mesmo problema de altitude que forçaram Liz e Val a voltar. Mas na tarde de sexta-feira, eu estava com uma dor de cabeça lancinante muito antes de chegarmos ao campo.

"Talvez devêssemos ir apenas até o High Camp e ficar lá", Hans disse ao me ver sofrer. "Os outros podem seguir sem nós."

"Não!, grunhi. Mesmo me sentido tão mal, eu estava determinada a não fracassar desta vez. Em minha mente, eu me via no topo daquela montanha, no que parecia de longe a Aura Rosada. Além disso, a esta altura de nosso relacionamento, Hans sabia como me instigar – quando ele cogitou a possibilidade de desistirmos, sabia que minha determinação só iria aumentar.

Hans e eu fomos uns dos primeiros a chegar ao High Camp naquela tarde. O frio era intenso e a necessidade de me manter aquecida me fez acelerar na trilha. Mas quando cheguei, quase desmaiei. Minha cabeça parecia que iria explodir. O Dr. Jack Kreindler me encheu de remédio, mas parecia bastante preocupado. Ele não me disse então, mas descobri mais tarde que ele naquele momento achou que minhas chances de chegar ao topo da montanha (ou, mais precisamente, a chance de ele me permitir isso) eram de 50%.

Eu não era a única que estava sofrendo. Morgan, o alto e saudável companheiro australiano de James Smith, o alpinista autista, também não se sentia bem. James tinha dois companheiros (a outra era Claire), mas formou seu verdadeiro laço com Morgan. Eles estavam sempre escalando juntos. Desde o princípio, eu me preocupava com James, com sua constituição franzina e seus óculos grossos. Perguntava-me se ele teria força para alcançar o pico. Paradoxalmente, seu autismo na verdade parecia lhe favorecer – ele tinha a determinação e o propósito único que algumas das pessoas mais capacitadas fisicamente não dispunham. Agora era Morgan, não James, que parecia ter pouca probabilidade de chegar ao topo. Assim como eu, ele sentia dor de cabeça intensa e náusea. Até chegou a dizer para James que sentia muito, mas provavelmente não poderia continuar.

"Bem", James disse, "eu vou até em cima."

A determinação de James era tão forte, que Morgan achou que não podia decepcionar seu companheiro. A despeito de sua cefaleia lancinante, ele arrumou as mochilas para ambos escalarem mais tarde naquela noite. O jantar foi servido cedo. Enquanto fazíamos nossos pratos, nosso líder, John, foi categórico.

"Todos serão acordados às 23h esta noite. Devemos estar prontos para partir à meia-noite. Quem não estiver aqui para escalar à meia--noite e dez será deixado para trás."

Eu sabia que precisávamos começar cedo se quiséssemos chegar ao pico em segurança e conseguir descer de novo ainda de dia, mas esta precisão militar me parecia excessiva. Perguntei a John por que estávamos partindo tão cedo.

Não era uma questão de controlar o tempo, ele disse: "É uma questão de estado de espírito. A experiência mostra que qualquer um que não consegue estar pronto numa hora específica, nunca vai chegar ao topo". John sorriu pesarosamente. "É minha função como líder garantir que quem está escalando conosco é capaz de chegar lá. Então este é meu teste. Quem estiver pronto passados dez minutos da meia-noite, sobe!"

Esta era a habilidade de John como líder – ele era firme, mas nunca grosseiro. À meia-noite, após umas poucas horas de sono, cada um de nós estava pronto para partir.

Era uma linda noite, clara e límpida. A lua brilhava num céu estrelado. Havia algo auspicioso sobre aquele céu, com as estrelas reluzindo, sem ser ofuscadas pela poluição de luzes. Senti-me extremamente privilegiada de estar naquele lugar, naquele momento, com aquelas pessoas.

Passados 10 minutos da meia noite, partimos conforme planejado, caminhando lentamente, com nossas lanternas brilhando. Vestimos todas as peças de roupa de montanhismo que tínhamos para nos protegermos do frio. Nossas mochilas estavam pesadas porque cada um de nós tinha que carregar seu próprio suprimento de água. A maior preocupação neste momento era que nossa água podia congelar, então a isolamos termicamente da melhor forma possível. Levávamos no bolso pastilhas de hortelã sem açúcar. Nos as chupávamos constantemente para manter a boca e a garganta úmidas. Estava escuro, mas desta vez isso só aumentou o excitamento conforme iniciávamos esta escalada final até o topo.

"Se vocês simplesmente puserem um pé na frente do outro", John nos disse, "isso vai levá-los até lá. Só é preciso isso. É tudo uma questão de ritmo, de movimento, de continuar avançando independentemente de qualquer coisa. Não escalem aos trancos – não se preocupem com velocidade. Haverá pessoas que nos ultrapassarão, mas nos as passaremos novamente. Andem lentamente, mas continuamente. Desta maneira, vocês conservarão sua energia ao máximo."

E foi assim que escalamos, lenta e continuamente. Meu guia tanzaniano favorito, Elloy, escalou junto comigo e com Hans. Contei a ele certa noite num acampamento como esta montanha havia me derrotado antes. Ele me olhou diretamente nos olhos e disse: "Senhora, eu farei tudo o que estiver ao meu alcance para levá-la até o topo". Senti-me reconfortada pelo fato de ele estar escalando tão perto de nós agora.

Se existia alguém que poderia me ajudar a alcançar o pico, esta pessoa era Elloy. Era importante para mim me sentir-me próxima daqueles que conheciam bem o terreno, e os alpinistas que ganharam proximidade com os guias eram os que estavam desfrutando das experiências mais prazerosas. Agora que Elloy e eu já nos tratávamos pelo primeiro nome, eu começava a entender mais sobre seu estilo de vida e sobre suas preocupações. Ele me contou que as geleiras no topo do Kilimanjaro estavam derretendo devido às mudanças climáticas. Ele se perguntava se o resto do mundo tinha ciência da importância disso. Isso significava não só a perda de uma das paisagens mais belas da Terra, como também era um símbolo de como nenhum lugar do planeta estava livre dos danos causado pela humanidade.

Essas conversas só fizeram reforçar minha determinação. Nossa expedição e seu documentário seriam ao menos uma pequena contribuição para a conscientização do público. Precisávamos ajudar a alertar as pessoas sobre o que estava acontecendo neste lugar extraordinário.

Durante horas, escalamos consistentemente, contando com nossas lanternas para iluminar o caminho, tomando cuidado para não sair da trilha, que agora era estreita e delimitada por penhascos. Minhas pernas começaram a doer à medida que o vento gelado da alvorada começava a atravessar minhas roupas. Procurei manter-me lembrando de que isso era extremamente importante para mim há uma eternidade.

Nossa primeira meta era chegar ao Stella Point ao alvorecer. Se conseguíssemos isso, teríamos ótimas chances de chegar ao topo com tempo suficiente para descer em segurança enquanto ainda havia luz do dia. Embora subir no escuro, à luz de lanterna, fosse fácil, descer na escuridão era extremamente perigoso. Era muito fácil tropeçar e cair, às vezes até fatal.

A trilha parecia cada vez mais difícil conforme avançávamos. Atrás de nós, Alex e seu companheiro, Luke, escalavam juntos. Alex resmungava constantemente, e me parecia, em meu estado de cansaço, que Luke vinha provocando Alex praticamente metade do tempo. A discussão entre os dois lembrava as picuinhas de um casal com muitos anos de casado. Comecei a ignorar isso e com o tempo tornou-se tão insignificante quanto um refrão de fundo. Comecei a perder toda a noção do tempo.

"Quanto falta ainda?" comecei a perguntar com bastante regularidade a John e a qualquer outra pessoa que me desse atenção. John não respondia. A euforia tinha passado agora. Eu estava congelando. Quando paramos para beber, descobri que minha água havia congelado. E a de Hans também.

"Pegue aqui", Hans disse desafivelando sua mochila. "Tenho mais um casaco. Vista isso." Ele me envolveu num enorme casaco forrado que eu nem imaginava que ele estivesse levando. Chegava até meus joelhos. Eu devia estar parecendo ridícula, mas não liguei. O gesto me aqueceu tanto quanto o casaco.

"Beba", disse Elloy, que surgiu de repente na escuridão. Ele enfiou uma caneca em minhas mãos que também estava deliciosamente quente. Era um milagre que Elloy pudesse materializar uma caneca com água quente na montanha aparentemente surgida do nada. Talvez ele tivesse uma garrafa térmica escondida. A felicidade tomou conta de mim – uma felicidade intensa, indescritível. Uma coisa tão simples – uma caneca de água quente e lágrimas de gratidão encheram meus olhos.

"Vamos conseguir", Elloy disse. Você esta indo muito bem. E vamos chegar lá na hora. Confie em mim. Estaremos no Stella Point ao amanhecer."

Enfim, as palavras que eu estava esperando: na hora! Gosto de pontualidade. Talvez seja minha herança germânica. Elloy provavelmente sabia instintivamente como me motivar mencionando estarmos dentro do horário. Certamente ele sabia alguma coisa de liderança, também.

Nas duas horas seguintes, a tentação de virar e voltar foi avassaladora. Ponha um pé na frente do outro, eu me dizia, ecoando o conselho de John. É tudo o que você precisa fazer. Divida em componentes menores; não pare; continue andando. Tentei repetir um de meus versos favoritos do Velho Testamento: "Aqueles que servirem ao Senhor revigorarão suas forças, terão asas como águias, correrão e não se cansarão, caminharão e não desfalecerão". É isso, pensei. Não preciso correr.

Apenas andar. Andar. John estava certo, eu sabia. Ajudar a equipe e a mim mesma a alcançar esta meta significava avançar lenta e continuamente.

Foi extraordinário. Chegamos ao Stella Point exatamente quando o sol surgia no horizonte. Aquela bola vermelha incandescente aqueceu nossos rostos naquele ar gelado de um modo que jamais vou esquecer. Existem cores no alvorecer impossíveis de descrever, e essa era minha sensação naquele momento enquanto experimentava o renascer da esperança que cada amanhecer traz. Embora o céu provavelmente estivesse clareando gradualmente, pareceu-me que passamos da escuridão diretamente para um mundo de luz e calor.

"Herta, aquele sol salvou minha vida." Era James Bridges, cujo rosto magro e cansado irradiava alegria. Ele havia chegado ao Stella Point um pouco antes de nós.

Eu sabia o que ele queria dizer.

LIÇÃO DE LIDERANÇA Nº 15: LIDERANDO UM TIME VENCEDOR

Depois de escalar seu time, cabe a você criar um clima que possibilite a vitória. Diferenças de personalidade, brigas internas, falta de confiança e respeito, exaustão e outras incontáveis eventualidades podem enfraquecer até a mais forte das equipes.

Adoro assistir às corridas da Fórmula 1 porque para mim este esporte é o exemplo maior de trabalho em equipe. Embora o foco da mídia concentre-se principalmente no piloto, é preciso muito mais do que um homem talentoso ao volante para se vencer uma corrida. Ao observar os bastidores, fica-se maravilhado com a sofisticação dos engenheiros e com o trabalho altamente especializado da equipe técnica, onde os mínimos detalhes são analisados e aprimorados. O fato de que nada é deixado ao acaso é evidenciado pela agitação perfeitamente coordenada nos *pit stops*.

> ### Mantenha Forte seu Time Vencedor
>
> A pesquisa organizacional tem mostrado crescentemente que coordenar os diversos membros de uma equipe de modo que cada pessoa possa agir com base em seus atributos é imperativo para gerenciar equipes vencedoras. Cultive a visão de sua organização diariamente, e use-a como modelo em cada decisão que tomar. Valorize a contribuição de cada membro da equipe. Enfatize o fato de que existe um poder surpreendente na equipe, e que juntos vocês chegarão ao sucesso. Erre pelo excesso de comunicação. Dê aos membros de sua equipe o espaço necessário para reabastecerem seus reservatórios emocional, intelectual, espiritual e físico e estimule a liderança compartilhada.

Então como você mantém sua equipe em forma para lutar? Assim como na Fórmula 1, equipes vencedoras usam os seguintes ingredientes-chave: respeito mútuo; habilidades complementares, em que cada membro da equipe sabe seu papel; egos subordinados à visão; um ritmo saudável e sustentável; propensão ao excesso de comunicação (em vez de à falta de comunicação); *feedback* amplo e irrestrito e confiança. Como líder, você precisa garantir que esses ingredientes sejam preservados e intensificados. Embora muito mais possa ser escrito sobre este tema, deixo a seguir apenas cinco sugestões.

Primeiro, valorize a contribuição de cada membro. No âmbito do banco de investimento, sempre me incomodou o fato de se valorizar muito mais o pessoal da linha de frente, do *front office*, do que aqueles da retaguarda, do *back office*. O pessoal do *front office* costuma ser melhor remunerado por gerar lucro, enquanto que o pessoal dos departamentos vitais, como gestão de risco, contabilidade, jurídico e regulatório, são tratados como necessários, mas onerosos e merecedores de uma remuneração mais baixa do que seus colegas do *front office*. Tendo estado nos dois lados, sei que as funções do *back office* são vitais, e que manter o lucro sob uma gestão de risco apropriada é tão importante quanto gerá-lo. Esta atitude preconceituosa em relação a quais funções são importantes é em parte culpa da crise econômica atual. As instituições financeiras que tinham forte governança corporativa, contabilidade e sistemas de informação transparentes, gestão de risco equilibrada e uma forte base de capital se saíram muito melhor do que suas contrapartes ineficientes nesses quesitos.

Segundo, comunicação, comunicação, comunicação. Os membros de sua equipe precisam saber que embora suas funções possam ser diferentes, todas elas são necessárias e se reforçam mutuamente. Um *feedback* constante sobre o que está dando certo e o que está dando errado ao longo do caminho para a meta mantém os membros da equipe focados. Desestimule fofocas caluniosas e a formação de "panelas". Em vez disso, estimule uma comunicação saudável e transparente, de baixo para cima, de cima para baixo, e horizontalmente. Se sua equipe estiver dividida em facções em guerra, deixará de ser um time vencedor. Estude a personalidade dos membros de sua equipe e encontre palavras e ações que os estimule e motive, individualmente e como grupo.

Enquanto me esforçava para chegar ao pico do Monte Kilimanjaro e escalava na escuridão até o Stella Point, eu precisava desesperadamente de alguém que quantificasse a jornada para mim: "Quanto ainda falta?", quando soube que estávamos dentro do planejado, isso fez toda diferença para mim.

Terceiro, dê aos membros de sua equipe o espaço necessário para reabastecerem seus reservatórios emocional, intelectual, espiritual e físico. Se algum desses reservatórios estiver vazio para qualquer membro de sua equipe, este membro sofrerá e sua performance será inferior. A noção de que você deixa seus interesses, desejos e relacionamentos pessoais do lado de fora do trabalho é antiquada. Cabe a você como líder criar um ambiente em que os membros de sua equipe não sintam que precisam suprimir o que são e o que os satisfaz. Embora cada um deva controlar suas emoções, reprimir necessidades básicas é disfuncional. Quantas mulheres que trabalham fora mentem sobre o fato de estar com um filho doente ou precisar levá-lo ao médico? Quantos pais perderam a apresentação de balé das filhas ou deixaram de assistir ao filho vencer o campeonato de tênis porque não podiam sair do trabalho? Você pode garantir que sua equipe permaneça forte permitindo que seus membros sejam autênticos no trabalho e transparentes sobre as necessidades deles.

Para a redação deste livro, tive o suporte de uma assistente pessoal incrivelmente capaz que trabalha comigo há mais de cinco anos. Mãe de uma menina de 10 anos, ela optou por trabalhar de casa. No ano passado, seu marido foi diagnosticado com câncer e submetido a um longo tratamento de quimioterapia e radioterapia. Durante a grave doença de seu marido, o desempenho dela foi brilhante. Ela sabe que é valorizada e que pode se ausentar se necessário. E eu sei que, embora ela saia para acompanhar o marido ao hospital, irá compensar isso depois se for preciso para garantir que nada fique por fazer.

Quarto, estimule a liderança compartilhada. Sua equipe deve ser lembrada constantemente de que vitórias e derrotas são compartilhadas por todos. Para evitar a apatia, processos de tomada de decisão coletivos são uma parte importante para manter a excelência de uma equipe forte. Dessa maneira, todos compartilham a responsabilidade sobre o resultado e a equipe pode agir em unidade e reagir se necessário.

Pesquisadores que estudaram a fundo o conceito de liderança compartilhada observaram de modo geral que uma equipe vencedora deve ser diversificada, conforme discutimos na lição anterior sobre seleção de equipes. A pesquisa organizacional mostra cada vez mais que coordenar uma equipe diversificada de tal modo que cada membro possa atuar com base em seus atributos é essencial para gerenciar equipes vencedoras. Enfatize o fato de que uma equipe tem um poder imenso e que juntos chegarão ao sucesso.

Por fim, crie momentos "ensolarados". Comemore vitórias (inclusive as pequenas) para toda a equipe, mesmo que uma única pessoa seja a responsável. Afinal, a equipe como um todo é tão forte quanto a soma de seus componente. Depois de fechar um negócio importante, geralmente organizávamos um jantar de fechamento para minha equipe e o cliente. Eram eventos elaborados, a que todos compareciam e aproveitavam. No entanto, a verdadeira razão por que todos no escritório queriam que fechássemos negócios era o fato de que meu marido nos enviava uma cesta repleta de guloseimas toda vez que concluíamos uma transação importante.

Como líder, você pode criar o ímpeto e o senso compartilhado de realização. O ex-presidente da Chrysler Lee Iacocca estava certo quando disse: "Sempre notei que a velocidade do chefe é a velocidade da equipe". É você quem determina o ritmo.

A grande antropóloga Margaret Mead disse, "Nunca duvide que um grupo pequeno de pessoas conscienciosas e comprometidas consiga mudar o mundo. Na verdade, essa é a única coisa que já conseguiu".

▶ *Uma conversa com* ◀
O Honorável al Gore e David Blood

O ex-vice-presidente Al Gore não precisa de apresentação. Sua carreira política estelar está bem documentada, e seu trabalho na arena das mudanças climáticas tornou-se conhecido nas partes mais remotas do planeta. Casualmente, nosso guia Elloy e eu discutimos os méritos do filme *Uma verdade Inconveniente* quando estávamos próximos do Pico Uhuru no Monte Kilimanjaro. No entanto, menos conhecida é a parceria bem-sucedida de Al Gore com David Blood e cinco outros sócios, que fundaram a Generation Asset Management. Criada em 2004, esta empresa de gestão de investimentos sediada em Londres foca na pesquisa de empresas com uma propensão especial para boa governança corporativa, responsabilidade social e ambiental e outros fatores de sustentabilidade. A empresa é uma plataforma para defender o "capitalismo sustentável", uma visão que ambos os líderes apoiam e sobre os qual já escreveram extensamente. "A simples existência da empresa", disse um de meus ex-colegas do banco de investimentos, "já nos lembra de que existe uma maneira melhor de fazer negócios."

David Blood, ex-sócio da Golden Sachs, tem sido meu mentor nesta terceira fase de minhas iniciativas profissionais. Conhecemo-nos bem, e, em vez de falar sobre "Blood e Gore", vou me referir a eles em grande parte pelo primeiro nome.

Conversei com esses dois visionários que, com base na combinação de suas carreiras, podiam falar sobre este assunto com uma experiência e autoridade praticamente inigualáveis.

Dar apoio à equipe, Al Gore e David Blood disseram, é a primeira função de uma organização como esta. Visão compartilhada, Al disse, "é um elemento essencial de uma equipe altamente funcional". Isso significa, ele disse, "reforçar a visão porque não é suficiente basear-se na osmose para a transmissão de visão e valores". Até mesmo as decisões cotidianas, sejam elas tomadas no nível da liderança ou da equipe, devem refletir e estar perfeitamente sincronizadas com a missão, os valores e as metas estabelecidas. "Quando tomamos decisões numa base diária, compartilhar reforça a visão e os valores que motivaram a jornada antes de tudo."

Ambos os líderes enfatizaram a importância de manter a equipe forte realizando as metas de seus membros e respeitando a vida pessoal de cada um fora do trabalho. Eles também reconhecem o valor de unir tudo isso.

"Notamos em nossas atividades anteriores, que as pessoas viviam de certa forma em silos. Você tinha sua vida pessoal e tinha seu trabalho. Você tinha suas crenças e seus interesses filantrópicos", David disse. "Então pensamos, por que não podemos unir tudo isso? Estamos tentando criar uma cultura um pouco diferente numa organização. Notamos que as pessoas – especialmente os jovens – estão mudando sua forma de pensar sobre o trabalho, sobre o que é importante para eles e como querem ser percebidos por seus pares quando perguntam, 'Onde você trabalha?' Se você tem orgulho de dizer, 'Eu trabalho aqui e é isso o que fazemos', então, a probabilidade de reter essas pessoas é bem maior."

"Confiança", Al acrescentou, "é o aglutinador que permite desenvolver e manter uma visão compartilhada, com metas e prioridades compartilhadas." Se for uma visão que parece valer o empenho das pessoas, então isso libera a energia entre os membros da equipe. É em si um estímulo poderoso voltado para esses resultados compartilhados." O que libera a energia, ele ressaltou, "é uma essência moral... ela nos dá a sensação de que de fato nosso trabalho conjunto é mais importante do que qualquer um de nós trabalhando individualmente poderia almejar fazer."

Promover a visão diariamente e modelá-la em todas as decisões vindas do líder e de outros "dá a sensação de que algo maior está em jogo", Al disse. Este também é o melhor antídoto para um velho conhecido: o ego superdimensionado. "Isso diminui o papel do ego. É uma parte essencial da natureza humana, mas geralmente um obstáculo para a coesão e para esforços, valores e metas compartilhadas."

Sobre o tema alpinismo, Al acrescentou "Tenho um amigo próximo que vive perto de Seattle que escalou o Everest duas vezes e algumas outras montanhas. Segundo ele, o modo como você escala é tão importante quanto chegar ao topo." Este é outro elemento-chave para manter a equipe forte: estimular a jornada, o processo, uma forma de atingir sua meta que lhe dê orgulho.

Isso é especialmente verdade quando você precisa tomar decisões difíceis. David disse, "Me esforço muito para entender as forças e as fraquezas de nossa equipe e em orientar cada um de seus membros para ajudá-los a maximizar suas qualidades e cuidar de suas ineficiências, e ocasionalmente tomar a decisão difícil de que não estamos com a pessoa certa na função... Você deve aceitar que esperamos excelência em tudo o que fazemos, e isso me inclui. Eu posso ser demitido; sou sócio fundador desta empresa e realmente investi capital, mas posso ser demitido e devo ser se não fizer um bom trabalho... a coisa que mais detesto é fazer uma avaliação desfavorável ou, em última análise, sugerir que alguém... deve fazer algo diferente... mas é a coisa certa a fazer. É a coisa certa a fazer pela pessoa, e se você está pedindo a alguém para sair, deve fazer isso compassivamente, empaticamente, deve ter certeza de que está pensando na família dessa pessoa e de que está ajudando essa pessoa a fazer a transição para qualquer que seja o próximo passo. Mas deve fazer isso. Deve fazer isso pela pessoa e pela equipe, porque se em última análise você permitir a mediocridade, a equipe sofrerá e sua visão ficará obscurecida." A excelência e a justiça devem guiar suas ações.

Para David, os principais ingredientes de uma equipe forte são "dedicação e uma verdadeira paixão pelo trabalho em equipe e... valores essenciais. Esses são os três ingredientes principais, mas o quarto seria a visão de que em última análise não importa quem recebe o crédito". Isso é um ponto tão importante! Perguntei a David como ele lida com as estrelas; Você os destaca? Ele foi muito rápido em responder, "Se você fizer isso, então não tem mais uma equipe; podem ser estrelas e serem vistos como tal; mas dentro do grupo, eles devem respeitar os colegas, estimular e reconhecer que o sucesso deles se deve ao todo. Se você tem várias estrelas que não trabalham junto e não entendem como é a organização e como ela funciona, então você não terá sucesso, especialmente em tempos de competição, de dificuldades e de desempenho fraco."

Embora a Generation Asset Management esteja indo força em força, aumentado os ativos sob sua gestão e oferecendo retornos consistentes a seus clientes, inclusive durante o recente revés econômico, Davis acredita que a empresa ainda precisa provar seu valor, porque a equipe ainda não passou realmente por uma crise profunda junta. No entanto, parece-me que esta casa está construída sobre alicerces bastante sólidos.

16

CHEGANDO AO TOPO

12 de julho de 2008

FINALMENTE, QUANDO O DIA AMANHECEU, pudemos ver para onde estávamos indo e de onde havíamos vindo em nossa jornada: Pico Uhuru, o cume do Kilimajaro, a 5.895 metros acima do nível do mar.

O maravilhoso era que minha dor de cabeça e todos os outros sinais da doença da altitude tinham desaparecido completamente. Estávamos muito alto agora e é claro, repirar exigia esforço, mas parecia que os problemas de ontem haviam evaporado quando partimos do High Camp à meia-noite. Eu nem sentia tontura mais. Mesmo rarefeito como estava o ar, eu podia respirar sem dor.

Havia uma verdadeira felicidade em cada passo, pois cada um que dávamos nos aproximava de uma meta visível. No caminho para Stella Point, perdemos alguns da equipe desencorajados pela escuridão. Mas todos os alpinistas que chegaram até lá estavam ávidos para ir até o pico. Observei o surpreendentemente capaz James Bridges, maravilhado com quão incrível seria esta realização. Em virtude de seu problema na coluna, James nunca havia saído da Inglaterra antes; nunca esteve num avião antes. Alex e Luke, que chegaram depois de nós, mostraram que podiam realizar juntos. O frágil James Smith também estava lá, com Morgan, embora tivesse perdido sua outra companheira, Claire. Ela declinara de fazer parte da equipe, tendo desistido antes do amanhecer.

Eu sempre soube que muitas das pessoas da equipe não chegariam ao pico. Mas não pensava que os alpinistas sauditas, Ahmed e Ali, desistiriam pouco ante do Stella Pont. A despeito da paralisia cerebral de Ahmed, ambos estavam em perfeito condicionamento físico. Ahmed também tinha a motivação adicional de escalar a montanha em homenagem a seu pai falecido recentemente. Mas, de repente, Ahmed simplesmente sentou-se numa pedra e anunciou que não iria continuar. Ali, que sentia ter condições de chegar facilmente ao topo, desistiu abnegadamente de sua oportunidade e desceu com o companheiro. Ahmed não falava inglês e os guias não falavam árabe. Senti muito pelos dois. Estavam tão perto de conseguir.

Todos esses desligamentos de nossa equipe deixaram apenas três dos sete alpinistas com necessidades especiais que tentaram escalar a montanha inicialmente. Eu monitorei todos os membros remanescentes de perto. O Kilimanjaro tinha maneiras sutis de testar o vigor daqueles que o desafiavam. No último trecho, o sucesso na montanha tinha pouco a ver com força ou condicionamento físico e tudo a ver com trabalho em equipe e determinação ferrenha. As pessoas que insistiram em escalar individualmente e romper com o sistema de companheiros fracassaram em grande parte. Em Hans, eu tinha o melhor companheiro possível, mas ambos sentimos que não teríamos conseguido sem nosso guia, Elloy. Tampouco os outros teriam conseguido sozinhos.

O sol brilhava resplandecentemente, e todos colocamos nossos óculos escuros. As geleiras reluziam e pudemos ver o Pico Uhuru muito próximo. No entanto, estávamos caminhando em ritmo de tartaruga e cada passo tornava-se mais laborioso conforme a altitude aumentava e nossos pulmões ansiavam por todo o oxigênio que pudéssemos inalar. Seria mais uma hora e meia antes de alcançarmos o cume.

E então conseguimos! Eu mal podia acreditar que isso estava acontecendo, mas nós estávamos de fato lá, no Pico Uhuru – nossa missão foi cumprida! A sensação de olhar a nossa volta, com uma visibilidade de 360 graus num dia perfeito, era como estar no topo do mundo. O dia estava incrivelmente claro. Podíamos inclusive ver a curvatura da Terra, algo que eu acreditava só ser possível do espaço. Com o sol brilhando e as nuvens abaixo de nós, sorvemos nosso sucesso por 30 gloriosos minutos. Alguns de nós começamos a chorar. Todos nos abraçamos, e cada vez que outro grupo chegava ao pico, vibrávamos. Desenrolamos uma faixa da Enham que havíamos carregado conosco e tiramos fotos.

A despeito de minha exaustão, eu poderia dançar de tanta alegria. No entanto, quando olhei ao meu redor novamente para admirar a vista, notei que Hans estava literalmente cambaleante. Comecei a rir – ele parecia bêbado, totalmente sem equilíbrio. Então, caí em mim rapidamente. Isso não era emoção; ao que parecia, Hans estava com um ataque de doença da altitude – grave. E ele não era o único. Notei que os dois operadores adormeceram enquanto filmavam ainda, outro sintoma da doença. Fora do contexto era engraçado, mas na verdade não era nem um pouco. Precisávamos acordá-los e levar todos para baixo rápido.

Sempre soubemos que não poderíamos ficar muito tempo no topo do Kilimanjaro. O Pico Uhuro está a quase 6 mil metros acima do nível do mar. Nesta altitude, há 50% menos oxigênio do que na base da montanha. A regra prática, para evitar os piores efeitos da doença da montanha, é escalar não mais que 500 metros por dia. Em nossa última tacada até o topo, excedemos esta diretriz. Foi uma avaliação cuidadosa que fizemos antecipadamente. Escalamos até o High Camp no dia anterior para ganharmos 300 metros. Mas agora teríamos de descer rapidamente. Mesmo sabendo que podíamos prever a doença da altitude, a velocidade de seu acometimento era alarmante, especialmente depois da euforia de nossa chegada ao topo.

Relutantemente, deixamos o topo e descemos apressadamente. O sol brilhava forte agora, o que era mais uma razão para partir imediatamente. (Nem todos haviam se lembrado do protetor solar.) A doença da altitude pode assumir formas diferentes para cada pessoa. Nem sempre é fácil identificar os sintomas e perceber que você está sucumbindo a ela. Quanto a meu educado marido, ele parecia ter assumido outra personalidade e estar totalmente desorientado. Ele tentou sentar-se numa pedra, mas foi parar quase um metro distante. Agia como um bêbado, e com perfeição. Quando Elloy, que podia diagnosticar a doença da altitude, estalou os dedos próximo ao rosto de Hans e perguntou, "Você sabe meu nome?". Hans grunhiu "Sei, e daí?", graças a Deus sua agitação durou pouco.

Estávamos de pé há 18 horas naquele dia em que escalamos até o Pico Uhuro e descemos. Fomos rapidamente para onde as barracas estavam montadas. Todos estavam exaustos, mas extremamente felizes. No entanto, não havia sobrado energia para comemorar naquela noite. Chegamos ao acampamento quando o sol se punha no horizonte e desmaiamos em nossos sacos de dormir. John estava nos encorajando a começar cedo na manhã seguinte, para que pudéssemos avançar rápido na descida da montanha. O caminho que nos tomou cinco longos e frequentemente sofridos dias para subir exigiria apenas um dia e meio para descer.

Então, no sábado à tarde, deixamos a montanha e cruzamos o portão da trilha aos tropeços. Todos aqueles da equipe que haviam descido antes vieram nos encontrar. Uma banda de músicos africanos tocava, e, cansados como estávamos e por mais incrível que possa parecer, todo mundo começou a dançar. A despeito do desapontamento dos que não conseguiram chegar ao topo, havia um tremendo senso de unidade e realização conjunta. Aqueles que não tinham alcançado o pico entenderam que eles, também, faziam parte de nosso sucesso. Não teríamos conseguido sem eles. Para demonstrar ainda mais nosso compromisso com a união, antes de partirmos para a escalada, cada um de nós escreveu uma expressão de seus sonhos, seus desejos, em uma fronha, e esta fronha nos acompanhou por todo o trajeto até o topo e na descida. Vários dos alpinistas a estenderam na frente das câmeras. Os sonhos atingiram o topo, mesmo que nem todos os autores o tenham.

Enquanto comemorávamos no portão, não pude deixar de pensar sobre o antigo ditado: o fracasso é órfão, mas o sucesso tem muitos pais.

No jantar de comemoração de nossa proeza, havia rostos felizes por todo lado. James Bridges parecia ter lavado os cabelos especialmente para a ocasião. Antes parecia totalmente isolado. Mas não estava mais dentro dos limites de seu isolamento. Agora ele parecia perfeitamente à vontade entre amigos, à frente de nossa celebração. Quando fui pegar algo para beber, ele me parou. "Herta, eu não sou bom com palavras", ele disse, "mas quero agradecer muito a você. Eu jamais teria feito isso sem você."

Teria eu conseguido sem ele e sem os outros? Escalei o Kilimanjaro num momento de crise na carreira, trabalhando para uma empresa cujos problemas eu não entendia plenamente na época. Escalar o Kilimanjaro renovou a confiança que eu tinha em mim e em minha habilidade de liderar sob circunstâncias difíceis. Estatisticamente, nossa escalada foi um sucesso imenso. Comparada à taxa média de sucesso de 35% na trilha Machame, praticamente 60% de nossa equipe chegou ao topo. Na verdade, 16 dos 28 alpinistas iniciais de nosso grupo chegaram ao pico, incluindo três de nossos membros portadores de necessidades especiais, James Smith, James Bridges e Alex Adams. Eles conquistaram suas próprias montanhas pessoais lá em cima, assim como eu.

Alcançamos mais do que nos propusemos a alcançar. Juntos conquistamos o Kilimanjaro.

LIÇÃO DE LIDERANÇA N° 16: NÃO PERMANEÇA DEMAIS NO TOPO

A doença da altitude, conforme mencionei antes, assume formas diferentes em cada pessoa, e nem sempre é fácil identificar seus sintomas e perceber que está sucumbindo a ela. Por exemplo, meu marido muito polido, pareceu ter assumido uma personalidade diferente e ter ficado desorientado, algumas pessoas sentem dor de cabeça, outras simplesmente caem no sono.

Nossa experiência com a doença da altitude serve como metáfora para o que pode acontecer nos negócios, na política e inclusive em organizações filantrópicas. O mundo está repleto de pessoas que ficam tempo demais em posições de poder; na melhor das hipóteses, eles mancham seu legado, e na pior causam danos incontáveis a si próprios, a suas organizações ou país.

Nos negócios, o setor de serviços financeiros experimentou recentemente uma crise. Muitas das empresas onde trabalhei se viram em apuros. Às vezes brinco que tinha o currículo perfeito até setembro de 2008: Citibank, J.P. Morgan e AIG. O setor bancário está cheio de exemplos daqueles que chegaram ao topo e permaneceram lá por tempo demais, inebriados pela exultação de estar lá. A tentação é imaginar que vale a pena ficar só para mais aquela última transação especial que iria coroar uma carreira brilhante. Mas para alguns, isso mostrou ser excesso de transações. Ignorando críticas de que estavam se tornando viciados em aquisições, ou qualquer sugestão de que poderiam estar pagando mais do que o aceitável pelas empresas-alvo, eles queriam ser os arquitetos do maior negócio do quarteirão. Em vez de sair de cena com sua reputação ilibada, vários desses capitães do setor tornaram-se os homens mais difamados nos negócios.

Quando trabalhei na AIG, então uma das maiores e mais bem-sucedidas instituições financeiras do mundo, seu diretor executivo era Hank Greenberg, um homem brilhante que ergueu o negócio do nada. Ele estava beirando os 80 anos, mas mesmo assim não podia admitir descer do topo da montanha. A AIG era sua cria e ele se recusava a falar sobre planos de sucessão. Em vez de encorajar outro bom líder a assumir seu lugar, qualquer pessoa que parecesse estar se aproximando de sua posição elevada (incluindo seus próprios filhos) era prontamente eliminada.

Atualmente, a poderosa AIG está humilde, mais uma vítima da crise financeira global, e embora Hank Greenberg tenha deixado a empresa antes da crise, em minha opinião, sua liderança criou um clima que estimulou outros a ignorarem os sinais de alerta e a assumir riscos que a empresa não podia bancar. Líderes machões e egocêntricos podem conduzir uma empresa ao topo ao perseguir sua visão. Mas eles não conseguem mantê-la lá sem o suporte de equipes fortes, de pessoas que falam o que pensam e que responsabilizam seus líderes. Algumas pessoas imaginam que ser humilde e estar disposto a ouvir os conselhos dos outros é o mesmo que ser um capacho, mas estão erradas. Ter humildade não é se rebaixar; é pensar menos em você.

A atmosfera no topo pode deturpar a visão da realidade. Quando os chefes das três grandes montadoras dos Estados Unidos foram a Washington pleitear ao Congresso que o dinheiro do contribuinte salvasse suas empresas, foram cada um em seu jato particular. Simplesmente não lhes ocorreu o tipo de imagem que isso transmitia às pessoas para quem eles estavam passando o chapéu.

Em nossa cultura obcecada por celebridades, muitas pessoas confundem proeminência com significância.

Não Permaneça Demais no Topo

Saia enquanto estiver ganhando e volte para a prancheta. Crie novas metas. Recomece. Os dias são longos, como dizem, mas a vida é curta. Se você chegou tão longe, não há palavras para descrever quanta paixão e ímpeto você pode levar para outras iniciativas. Mas não importa o que você faça, não permaneça demais no topo.

Como disse um sábio, seu nariz pode ser proeminente, mas você não precisa realmente dele em sua vida, por mais útil que lhe possa ser. Infelizmente, é fácil ficar enganchado na proeminência. Muitas pessoas deixam que sua identidade seja envolta por seu cartão de visitas, e quando são forçadamente ejetadas de sua posição (empurradas do topo da montanha por sua recusa em sair voluntariamente), acham que perderam o que as definia.

O que o Kilimanjaro pode nos ensinar sobre como lidar com o sucesso e com o fracasso? Minha carreira começou na advocacia, onde o sucesso geralmente é medido em termos do tempo que levamos para nos tornarmos sócios de um grande escritório. Para os jovens que batalharam para serem os primeiros da classe na faculdade de direito e em seguida para encontrar emprego num escritório de prestígio e depois ainda dedicaram horas incontáveis de trabalho para provar seu valor, certamente é devastador ser ignorado para uma promoção a sócio. Quanto àqueles que permanecem demasiadamente no topo, o que estão fazendo senão privando os outros de uma oportunidade de escalar a montanha de suas carreiras? E nesse processo se tornam complacentes.

Assim como nos negócios, o mesmo acontece na política. Existem diversos exemplos de líderes que começaram fazendo um bom trabalho por seu país, mas que permaneceram no topo tempo demais: Mugabe no Zimbábue e Museveni em Uganda, para citar dois. Líderes que permanecem muito tempo no topo podem se tornar egocêntricos e paranoicos. Podem cometer o erro fatal de acreditar em sua autopromoção e parar de ouvir os outros. Falta de oxigênio – de um debate saudável, poderíamos dizer – começa a obliterar partes de um cérebro antes lúcido.

Enquanto escrevia este livro, estávamos vivenciando mudanças históricas no Oriente Médio e no Norte da África, onde as pessoas se cansaram de políticos que ficaram no topo por muito tempo, enriquecendo a si e a seus cupinchas, enquanto uma grande parte da população era privada das necessidades básicas. Bem Ali da Tunísia e Hosni Mubarak do Egito foram forçados a deixar o posto mais alto de seu país depois de 23 e 31 anos no poder, respectivamente. A Revolução de Jasmim desencadeada na Tunísia continuará a varrer a região e resultará em mais vítimas entre líderes que abusaram do poder e perderam completamente de vista as pessoas a quem deviam ter servido.

O líder sábio reconhece quando é hora de descer a montanha e abrir espaço no pico para outros. Em última análise, a obsessão pelo sucesso e por permanecer no topo são tão perigosas quanto a falta de oxigênio.

CHEGANDO AO TOPO

▶ *Uma conversa com* ◀
Dr. Mohamed "Mo" Ibrahim

Mohamed "Mo" Ibrahim é mais conhecido como fundador da Celtel, agora uma das maiores operadoras de telefonia móvel da África. Filho de um escrevente sudanês, ele foi de um começo humilde ao comando da criação de uma das empresas africanas mais bem-sucedidas. Isso era algo novo num continente em que o sucesso de uma empresa normalmente é traçado por "conexões" em altos escalões, em vez de simplesmente por mérito.

Depois de vender a Celtel para um grupo do Oriente Médio, ele criou sua própria fundação, a Mo Ibrahim Foundation, para estimular o aprimoramento da governança em países africanos. A fundação está comprometida com o suporte a lideranças superiores capazes de melhorar as perspectivas sociais e econômicas dos povos da África.

Mais conhecida por conceder o maior prêmio do mundo, a fundação foca sua atenção naqueles que demonstraram excelência em liderança na África. Os ganhadores incluem Nelson Mandela, que foi aclamado como o "maior e mais corajoso líder de nossa geração", Festus Gontebanye Mogae, que foi o terceiro presidente de Botswana de 1998 a 2008, e Joaquim Alberto Chissano, o segundo chefe de estado de Moçambique de novembro de 1986 a fevereiro de 2005. Ele foi eleito presidente em outubro de 1994 na primeira eleição multipartidária do país e reeleito em dezembro de 1999. Deixou a presidência em 2004 sem buscar o terceiro mandato que a constituição permitia.

Reconhecendo que estar no topo é perigoso, Mo Ibrahim tornou-se um dos mais fortes defensores do limite de mandato nos cargos públicos. Mo explicou muito claramente por que se preocupa tanto: "O limite de mandato é extremamente importante. Ele permite novas ideias... novas pessoas no governo. Qualquer pessoa que permaneça por muito tempo no topo, mesmo que tenha sido um santo no começo, acabará sendo corrompida. O poder corrompe. Suponha que por 20 anos as pessoas digam continuamente que você é o sol do país, que é a lua do país, que é a fonte de toda sabedoria – cada pessoa no governo, sem exceção, é alguém indicado por você. Todos lhe devem favor. Passados 10 anos, você vai acreditar em tudo isso, acreditar nas histórias, começar a acreditar que é invencível".

Esta visão é compartilhada pelo presidente Khama de Botswana. Quando lhe perguntei se egos destrutivos são resultado de pessoas permanecerem tempo demais no topo, ele disse, "Direto, porque este tipo de comando em que um único homem fica por décadas no poder é extremamente insalubre... parece que, quando as pessoas assumem o poder, simplesmente perdem totalmente o foco. Qual é o tempo ideal? Quanto tempo uma pessoa deve permanecer? Inicialmente, quando o limite de dois mandatos foi introduzido em Botswana, fui contra, porque em minha opinião, numa democracia as pessoas deveriam poder escolher por quanto tempo seu líder deve estar no poder desde que ele esteja fazendo um bom trabalho. Então por que um limite de mandato? Mas então, conforme o tempo passou, tive a impressão de que 10 anos, que é cerca de dois mandatos, é o máximo que alguém deveria ficar no cargo.

"Isso não está restrito ao continente africano. Se você olhar ao redor do mundo, encontrará muitos políticos não limitados a dois mandatos, que tentarão ir além disso. Então seu índice de aprovação no sétimo, oitavo, nono ano entra em declínio. E você diz, o que você acredita que poderá oferecer, em mais cinco anos, que não conseguiu oferecer até agora?"

Tony Blair fez uma declaração semelhante ao final de seu mandato quando disse, "A melhor maneira de lidar com o poder é renunciar a ele".

Agarrar-se ao poder pode ser fatal no mundo corporativo também, disse o Dr. Ibrahim. "Infelizmente, o que descobrimos recentemente é que dormimos no ponto, que a governança corporativa estava tão ruim quanto a pública, senão pior, porque a governança pública no mundo desenvolvido parece funcionar." Os comentários dele sobre o fracasso do conselho dos principais bancos revelou o quão desapontado ele estava com eles. "Todos esses conselhos", ele disse, "pessoas ilustres recebem milhões de dólares para ocuparem uma cadeira no conselho desses bancos. Qual foi a supervisão deles? O que fizeram?"

Como podemos garantir ter conselhos que façam as perguntas difíceis e realmente desafie um diretor executivo ou o presidente que está lá há muito tempo? Quando coloquei esta pergunta para Mo Ibrahim, ele disse, "Sem apoiadores ativistas, não vejo como isso seria possível; sem realmente expor o que está acontecendo em cada empresa e o desempenho de vários diretores executivos, será difícil fazer isso".

A montanha pessoal que um líder de sucesso deve desafiar, ele acrescentou, é a da "vaidade". Olhe ao seu redor e "você verá facilmente que as pessoas que realmente admiramos, que chegaram ao sucesso, que realizaram coisas, são pessoas realmente humildes que venceram a vaidade e egos". O perigo de permanecer no topo tempo demais, ele disse, reside em estar rodeado de pessoas submissas e em não ouvir a verdade, apenas os elogios e as pessoas que "glorificam você".

"Sempre digo para as pessoas: tente colocar-se no lugar do outro e ver o que essa pessoa vê. Você não pode ficar totalmente focado em si próprio o tempo todo; você precisa da visão de todos os lados e ângulos. Um bom líder é uma pessoa que não tem medo de dizer 'Eu não sei'. Quantos líderes você vê por aí capazes de dizer 'Eu não sei'. Eles acham que sabem tudo, e esse é o problema.

Ter coragem de admitir que não sabe e habilidade de buscar a opinião dos outros é uma visão que os líderes com excelência devem adotar. Peça a seu pessoal a opinião deles e ouça o que dizem. Por meio de seu trabalho o Dr. Ibrahim nos lembra: nunca pare de aprender e continue a expandir seus horizontes dando espaço para outras pessoas no topo.

Epílogo

Não é a montanha o que conquistamos, mas a nós mesmos.
— Sir Edmund Hillary

Todos nós temos nossa montanha para escalar. Este foi o lema que escolhemos para o Desafio Kilimanjaro da Enham. É uma declaração simples do fato: não importa o quanto tentamos evitar as dificuldades em nossa vida, não importa o quanto nos esforçamos para proteger nossos filhos do sofrimento, todo ser humano enfrenta sua própria montanha interior.

Dada esta realidade, eu queria demonstrar, por meio de um belo registro visual, duas ideias importantes: primeiro, que todos temos direito de sonhar e, segundo, que podemos alcançar mais juntos do que qualquer um de nós conseguiria sozinho. O filme *The Mountain Within*, coproduzido por Hans e por mim, permanece para mim como um registro profundo e empolgante de ambas essas verdades.

Os alpinistas que escolheram ver o Monte Kilimanjaro como uma oportunidade de crescer e progredir, tiveram uma experiência de vida transformadora. Independentemente de esses alpinistas terem chegado ao topo conosco ou não, o fato de abraçarem essa oportunidade diz muito sobre seu caráter. Pauline, por exemplo, usou sua dificuldade como um passo para o sucesso. Embora ela não tenha chegado ao topo da primeira vez, jurou que tentaria novamente, e ela de fato voltou à Tanzânia em março de 2009. E desta vez ela conquistou a montanha.

Quanto a James Smith, ele não parou de falar sobre sua experiência, e desde então decidiu, pela primeira vez em sua vida, agendar umas férias para si próprio. Ahmed reclamou de dor nos pés durante dias após a escalada, mas em janeiro de 2009 foi a celebridade de uma conferência importante sobre portadores de necessidades especiais em Jedá, Arábia Saudita. Frente aos ministros da saúde de cinco países diferentes, ele falou sobre sua experiência na África e disse em alto e bom tom: "Sinto-me como uma pessoa de verdade. Os estrangeiros me deram voz".

Eu também mudei de rumo. Agora foco minha experiência corporativa em fazer investimentos sustentáveis em mercados de fronteira, incluindo a África subsaariana. Acredito que um mundo onde 4 milhões de pessoas vivem com dois dólares por dia ou menos não é sustentável. Portanto, decidi investir em setores em crescimento que quebram esse ciclo de pobreza e causam um impacto positivo no clima do planeta.

Nenhum dos que participaram do Desafio Kilimanjaro simplesmente sacudiu a poeira da montanha de suas botas e continuou o mesmo. A experiência deixou uma marca indelével em cada um de nós, e agora tentamos mirar um pouco mais alto e ir um pouco mais além, não como figuras solitárias mas, idealmente, como parte de grupos fortes em que cada membro doa generosamente e recebe gentilmente.

Para mim, chegar ao Pico Uhuro foi a realização de um sonho de 13 anos. Mesmo que eu tivesse chegado lá sozinha, ainda assim teria sido uma realização. Mas chegar ao topo com meu marido e com essas pessoas maravilhosas que passei a admirar e respeitar tornou a experiência inesquecível.

EPÍLOGO

Vou escalar o Kilimanjaro novamente? Não tenho certeza, pois qualquer outra tentativa seria anticlimática. Terei outras "montanhas" para escalar? Com certeza!

Enquanto escrevia este livro, o mundo não só estava lidando com as consequências de uma crise econômica, como também testemunhando a queda de uma ditadura norte-africana atrás da outra. É um momento caótico da história, não diferente da queda do muro de Berlim em 1989 e do efeito dominó que isso criou. As pessoas de todos os lugares estão ficando mais corajosas, a barreira do medo está desmoronando e os líderes estão sendo responsabilizados. As lições deste livro estão mais pungentes do que nunca.

Mas estamos certos em questionar o que criamos e o que perdemos. Estamos certos em questionar nossas empresas e nossos líderes políticos e em responsabilizá-los. Mas também precisamos assumir a responsabilidade e preencher o vácuo com forças positivas. Precisamos enfrentar as montanhas exteriores, assim como as interiores.

Quais são essas montanhas dentro de todos nós? Tive algumas de minhas conversas mais inspiradoras com os líderes apresentados neste livro. Todos falaram sobre alguma montanha que precisaram conquistar ou sobre alguma que já haviam conquistado: vaidade, excesso de amor próprio, insegurança, medo do fracasso e perfeccionismo, para citar algumas. Mas sem dúvida, cada um deles ainda quer fazer uma diferença maior, não apenas alcançar o sucesso mas ter uma vida com significado, com valor, na qual "aprendemos, ganhamos e retribuímos", como observou Marty Wikstrom. Uma vida em que não só conquistamos a montanha – metafórica ou literalmente – mas também conquistamos a nós mesmos.

Eu apelo a você para se juntar a mim tornando-se um desses líderes em sua família, em sua empresa, sua comunidade e em seu país. Fazendo isso, um dia você olhará para trás e verá momentos de crise com a satisfação que resulta de ter conquistado corajosamente as montanhas interiores e exteriores, e com a confiança de que cumpriu seu propósito na vida.

Sobre a autora

Herta Von Stiegel J.D. (Juris Doctor) é fundadora e diretora executiva da Ariya Capital Group Limited, uma gestora de fundos focada em investimentos sustentáveis na África. A empresa opera a partir de Londres, Gaborone e Channel Islands e tem como foco três setores que se reforçam mutuamente: energia limpa, instituições financeiras e telecomunicações.

Executiva internacional com um currículo consistente na construção de negócios financeiros lucrativos, Herta deteve posições executivas no Citibank e no J.P.Morgan. Até 2005, ela foi diretora da AIG Financial Products, a divisão de serviços financeiros do American International Group, Inc.

Advogada tributarista por formação, Herta praticou advocacia antes de se tornar especializada em tributação internacional para fusões e aquisições no setor bancário. Possui doutorado (Juris Doctor) pela Faculdade de Direito Thomas M. Cooley Law School em Michigan, Mestrado em Direito Tributário pela New York University School of Law e bacharelado em Artes pela Andrews University. Além disso, concluiu o Programa Executivo de Finanças Corporativas da London Business School. Ela é membro da Ordem dos Advogados de Michigan e Nova York.

Herta participa de vários conselhos nos setores corporativo e de organizações sem fins lucrativos, incluindo empresas como Camco International (uma empresa global de desenvolvimento de energia limpa listada na bolsa de valores com operações na China, Estados Unido e África) e Opportunity International, uma organização global de microfinanciamento com múltiplas subsidiárias.

Herta fundou e, até junho de 2010, presidiu o Prince's Trust Women's Leadership Group (www.princes-trust.org.uk). Ela é conselheira do The Committee of 200 (www.c200.org), onde preside a c200 Foundation e é membro da Women's Leadership Board da Kennedy School of Government da Harvard University (www.hkswomensleadershipboard.org).

Uma palestrante popular e altamente requisitada, Herta participou de programas na CNBC, Fox, Bloomberg, BBC, AS FM (rádio sul-africana), BBC Radio 4 e tem artigos publicados em diversos periódicos de finanças, incluindo o *Financial Times*.

Nascida na Transilvânia, Herta viveu e trabalhou em diversos mercados desenvolvidos e emergentes. Ela fala inglês, alemão e é fluente em romeno. Tem cidadania norte-americana e inglesa.

GRÁFICA PAYM
Tel. (11) 4392-3344
paym@terra.com.br